La mente de trébol

Ensayos sobre ética del budismo Zen

Robert Aitken

KOLIMA
BOOKS

Título original: *The Mind of Clover. Essays in Zen Buddhist Ethics*

North Point Press, a division of Farrar, Strauss and Giroux

Título: *La mente de trébol. Ensayos sobre la ética budista Zen*
Autor: Robert Aitken
Traductora: Carmen Monske
Dirección editorial: Marta Prieto Asirón
Maquetación de cubierta: Sergio Santos Palmero
Maquetación: Yoana Torres Díaz/Rocío Aguilar

Primera edición: Noviembre 2016
Para la edición en castellano:

www.editorialkolima.com

ISBN: 978-84-16364-72-5
Depósito legal: M-36870-2016
Impreso en España

A mi Maestro Zen, Yamada Koun Roshi,
que me enseña la Acción Correcta,
y a los estudiantes de la *Diamond Sangha*,
que me ayudan a realizarla

Índice

–Veo a nadie en el camino –dijo Alicia,
–Quisiera tener ojos así –comentó el Rey con irritación.
¡Ver a Nadie!
¡Y además a esa distancia!

LEWIS CARROLL
Alicia, a través del espejo

Cada vez que rompe la ola,
El cuervo
Da un pequeño salto.

NISSHA
Senryu: Japanese Satirical Verses
(Traducción de R. H. Blyth)

Prólogo a la edición española

Después de la publicación por parte de Editorial Kolima del libro básico sobre la práctica del Zen de Robert Aitken, ahora tenemos también a nuestra disposición este importante libro, del mismo autor, *La mente de trébol*, que va más allá de la práctica del *zazen*. Ha sido una satisfacción traducirlo, ya que su lectura fue para mí muy enriquecedora, y aún sigue siéndolo.

El Zen consiste en actualizar la unidad de todos los seres, y esto no se consigue únicamente con nuestro *zazen* en solitario, semanalmente en grupo o periódicamente en los *sesshin* (periodos intensivos de práctica). Hacen falta directrices que nos ayuden a llevar una vida ética. Yo profundicé en ellas de la mano de Robert Aitken en su centro Zen de Honolulu, Hawái. Me aportó mucho gracias a su amplitud de miras y su sabiduría. Aprendí que la observancia absoluta de cualquiera de los Preceptos significa muerte. No deben tomarse de forma estricta. De alguna manera se convierten en *koan* para nosotros. Los Preceptos no son mandamientos grabados en piedra, son una luz en el camino. Ayudan a crear unidad y enriquecen a otros al dejar más evidente la armonía entre nuestras palabras y nuestros actos.

En realidad, en opinión de Robert Aitken, los Preceptos dependen del *zazen* para su aplicación; en otras palabras: «compasión en acción», que es lo que nos faculta a aplicar los Preceptos de forma significativa. Ahí radica la diferencia entre hacerlos vivos o tenerlos tan solo como una serie de reglas carentes de vida.

Los Preceptos quieren llevar a las personas a una vida espiritual vigorosa, socialmente comprometida, y pretenden ser una ayuda para liberarnos de nosotros mismos.

Deseo que este libro sirva de «trébol» para los que ya estáis practicando el Zen y os ayude a adentraros más en este camino tan liberador y, a los no practicantes, que pueda orientaros en vuestras vidas.

Carmen Monske, verano 2016

CAPÍTULO 1

La naturaleza de los Preceptos

Los Preceptos del budismo Zen se derivan de las reglas que gobernaron la *Sangha* o comunidad de monjes y monjas que se reunieron en torno a Sakyamuni Buda. A medida que la religión budista se desarrolló en las escuelas Mahayana, el significado de *Sangha* se amplió hasta incluir a todos los seres, no solo a los monjes y monjas, y no solo a los humanos. La comunidad sigue siendo un tesoro para la religión actual y los Preceptos siguen siendo una guía. En este libro me propongo esclarecerlos para los estudiantes occidentales del budismo, como ayuda para convertir el budismo en una práctica diaria.

Sin la guía de estos Preceptos, el budismo Zen corre el peligro de convertirse en un pasatiempo para servir a las necesidades del ego. La ausencia de egoísmo que se enseña en el centro Zen entra en conflicto con la indulgencia fomentada por la sociedad. El practicante Zen se siente desgarrado, es decir, se desplaza desde el exterior hasta el centro Zen, tendiendo a utilizar este como santuario donde refugiarse de las dificultades con las que se enfrenta en el mundo. En mi opinión, un centro budista Zen auténtico no es un simple santuario sino una fuente de la que salen personas con motivaciones éticas dispuestas a comprometerse en la sociedad.

Existen diferentes grupos de Preceptos, dependiendo de las enseñanzas de las diversas escuelas de budismo. En la línea Harada-Yasutani del Zen, que proviene de la escuela Soto, se estudian y siguen los *Dieciséis Preceptos* del *Bodhisattva,* que comienzan con los *Tres Votos de Refugio*:

Me refugio en el Buda;
Me refugio en el *Dharma*;
Me refugio en la *Sangha*.

Aquí, *Buda*, *Dharma* y *Sangha* pueden entenderse como realización, verdad y armonía. Estos Tres Votos de Refugio son el núcleo de la ceremonia de iniciación al budismo en todas sus escuelas.

El modo de aplicar estos votos en la vida diaria se recoge en *Los Tres Preceptos Puros*, que provienen de una *gatha* (verso didáctico) del *Dhammapada* y otros textos budistas:

Renuncia a todo mal;
Practica todo bien;
Conserva tu mente pura.
Esto enseñaron todos los Budas[1].

En el budismo Mahayana, estas frases sufrieron una transformación que refleja un cambio del ideal de la perfección personal al ideal de la unidad con todos los seres. Se omitió la última frase y la tercera se escribió de nuevo:

Renuncia a todo mal;
Practica todo bien;
Salva a los muchos seres.

Estos sencillos mandamientos morales se explican detalladamente en *Los Diez Preceptos*: no matar; no robar; no hacer mal uso del sexo, etc.., que analizaremos en los próximos diez capítulos.

El estudiante Zen acepta los Dieciséis Preceptos del *Bodhisattva* en una ceremonia llamada *Jukai* (recibir los Preceptos), en la cual reconoce la guía del Buda. Los Preceptos se estudian por separado con el *Roshi* o maestro, pero no se tratan en los *teishos* (charlas *Dharma*), ni se analizan en los comentarios Zen.

Creo que esta forma de esoterismo se debe al temor de una mala interpretación. Cuando Bodhidharma dice que en la naturaleza propia no hay pensamientos de matar, como lo hace en su comentario al primer Precepto, expresa su forma de salvar a todos los seres. Cuando Dogen Kigen Zenji dice que uno debe olvidarse de sí mismo, como lo hace en todos sus escritos, esa es su manera de enseñar la apertura a la mente del universo. Sin embargo, parece que a los maestros les preocupa que «no pensar en matar» y «olvidarse del yo» se puedan interpretar, erróneamente, como hacer cualquier cosa siempre que el individuo actúe olvidándose de sí mismo.

Estoy de acuerdo con que las palabras literales de Bodhidharma y Dogen Zenji pueden interpretarse mal, pero por esta razón considero que los maestros Zen tienen la responsabilidad de interpretarlas correctamente. Me parece que Takuan Soho Zenji no cumple con ella al instruir a un samurái:

> «La espada levantada no tiene voluntad propia, es toda de vacío. Es como un destello de relámpago. El hombre que está a punto de ser derribado también es de vacío, como lo es el que esgrime la espada...
>
> No detengas tu mente con la espada que levantas; olvida lo que vas a hacer y mata al enemigo. No mantengas la mente en la persona que se encuentra frente a ti. Todos son de vacío, pero ten cuidado en evitar que tu mente quede atrapada en el vacío».[2]

El Demonio cita la escritura, y *Mara*, la encarnación de la ignorancia, puede citar el *Abbidharma*. La falacia de la *Senda del Samurai* es similar a la del *Código del Cruzado*;

ambos distorsionan, a favor de las guerrillas, lo que debiera ser un enfoque universal del Precepto. La caridad católica de la Santa Sede no incluía a las personas denominadas paganas. El voto de Takuan Zenji de salvar a todos los seres no abarcaba a quien él llamaba enemigo[3].

Esto es muy distinto del famoso *koan* de Nanquan (Nansen) que mata al gato:

> El sacerdote Nanquan (Nansen) vio que los monjes de las salas orientales y occidentales discutían sobre un gato. Él cogió al gato y dijo: '¡Escuchad! Si podéis decir algo, perdonaré la vida de este gato. Si no podéis decir nada, le cortaré la cabeza'. Nadie supo decir nada, así que Nansen cortó en dos al gato.[4]

Como todos los *koan*, se trata de un relato popular que pone de manifiesto la naturaleza esencial en un ambiente determinado. Los que objetan su violencia son los que se niegan a leer cuentos de hadas a sus hijos. Los cuentos de hadas tienen una enseñanza inherente que los niños asimilan de manera intuitiva, y los *koan* son ventanas hacia el conocimiento espiritual. Los cuentos de hadas no enseñan a la gente a moler los huesos de los ingleses para hacer pan, y los *koan* no nos indican que vayamos por el mundo matando animales de compañía.

La sabiduría espiritual es un arma poderosa. Ciertas enseñanzas del budismo Zen, así como algunos elementos de su práctica, se pueden adoptar y utilizar para propósitos seculares, algunos benignos, como el éxito en los deportes, y otros nefastos, como los asesinatos a sueldo. El *Dharma* de Buda, con la integración de la sabiduría y la compasión, debe ser enseñado en su totalidad, pues sus partes pueden ser dardos envenenados cuando se hace mal uso de ellos.

En este contexto, el *Dharma* de Buda significa «doctrina budista», pero *Dharma* tiene un significado más amplio que el de «doctrina» y, de hecho, lleva implícito un significado cultural. La mala interpretación de los Preceptos se inicia con la mala interpretación del *Dharma*. De la misma manera, una clara visión del *Dharma* abre el camino a una práctica recta.

En primer lugar, el *Dharma* es la mente, no solo el cerebro o el espíritu humano. «Mente» con mayúscula, si lo prefieren. Es un término muy amplio e insondable, puro y claro, vacío en su totalidad y cargado de posibilidades. Es lo desconocido, lo innombrable, de donde y como tales emergen todos los seres.

En segundo lugar, estos seres que emergen también son el *Dharma*. Las personas son seres, como lo son los animales y las plantas, las piedras y las nubes, las afirmaciones e imágenes que aparecen en los sueños. El *Dharma* son los fenómenos y es el mundo de los fenómenos.

Tercero, el *Dharma* es la interacción de los fenómenos y la ley de esta interacción. *Dharma* y sus traducciones significan «ley» en todas las lenguas del linaje budista: sánscrito, chino y japonés. El *Dharma* es la ley del universo, una ley que puede expresarse simplemente como: «Una cosa depende de otra». La causa conduce al efecto que a su vez es causa que conduce al efecto en una trama infinita y dinámica de dimensiones interminables. La operación de esta ley se denomina «*karma*».

Muchas personas consideran que hay algo mecánico en la interpretación kármica del *Dharma*. «Causa y efecto», sin importar cuán dinámicos sean, pueden implicar algo ciego, por lo que es importante entender que «afinidad» es otro significado de *karma*. En Japón, cuando un hombre y una mujer se conocen y se enamoran suelen decirse: «Debimos de conocernos en vidas anteriores». Las parejas occidentales quizá no se expresen así, pero sienten la misma afinidad. Lo que en Occidente atribuimos a la coincidencia, en Asia la gente suele explicarlo con la afinidad. El «*karma* misterioso» es una expresión que se escucha con bastante frecuencia.

La afinidad y la coincidencia son las manifestaciones superficiales de la naturaleza orgánica del universo, donde nada sucede de manera independiente o a partir de un grupo específico de causas, sino donde todo tiene una relación íntima con todo lo demás, y las cosas ocurren por las tendencias del conjunto, en el contexto de las circunstancias particulares. La Ley del *Karma* expresa el hecho de que todo el universo se encuentra en equilibrio, como lo ha afirmado Marco Pallis[5].

Los biólogos y físicos de la actualidad han encontrado en la Naturaleza esta íntima interconexión, la misma que descubrieron en el pasado los genios budistas que escribieron los textos Mahayana, en particular los *sutras Prajnaparamita* (Perfección de Sabiduría) y *Huayuan* (*Kegon*) (Guirnalda de Flores). Estos son compendios de la literatura religiosa que ofrecen importantes medios para entender al *Dharma* y, por tanto, la comprensión de los Preceptos.

El *Sutra del Corazón*, que condensa el *Prajnaparamita* en solo dos páginas, se inicia con las palabras:

> *Bodhisattva Avalokitesvara*, ejercitando la profunda sabiduría trascendental,
> reconoció que las cinco *skandhas* son vacío,
> y así trascendió todo dolor.[6]

Avalokitesvara es el *Bodhisattva* de la Misericordia quien, nada más con su nombre, expresa el hecho de que la verdad no solo libera, sino que también hace sentir compasión por los demás. En el Lejano Oriente, este nombre se traduce de dos formas: «el que percibe el yo [esencial] en reposo» y «el que percibe los sonidos del mundo». En japonés estos nombres son *Kanjizai* y *Kanzeon*, respectivamente.

Kanjizai, o el que percibe el yo en reposo, ve con claridad que los *skandas*, los fenómenos y nuestras percepciones de los mismos, carecen de sustancia. Esta es la verdad que libera y transforma. *Kanzeon*, que percibe los sonidos del mundo en este ámbito de infinito vacío, se encuentra libre por completo de preocupación por sí y por ello está en armonía con el sufrimiento de otras criaturas. *Kanjizai* y *Kanzeon* son el mismo *Bodhisattva* de la Misericordia.

Bodhisattva es una palabra sánscrita compuesta que significa «iluminación-ser». Hay tres implicaciones para este término: un ser iluminado, un ser que se encuentra en el sendero de la iluminación, y uno que ilumina a otros seres. Toda la metafísica Mahayana está condensada en este triple arquetipo. *Avalokitesvara* es el Buda desde el principio y también se encuentra en el sendero que le hará percatarse de este hecho. Además, esta autorrealización no está separada del Tao (el Camino) para salvar a los demás. Para nosotros esto significa que salvar a los demás es salvarnos a nosotros mismos, y salvarnos es caer en la cuenta de lo que siempre ha sido cierto. Como discípulos de Sakyamuni Buda, ejemplificamos estos tres significados. Senzaki Nyogen Sensei solía iniciar sus charlas diciendo «Bodhisattvas», como cualquier orador de nuestro tiempo habría empezado con «Damas y Caballeros».

La naturaleza de la práctica budista es aprender a aceptar el papel de *Bodhisattva*. *Avalokitesvara* no es solo una figura en un altar. Él o ella está ocupando la misma silla que tú mientras lees este libro. Cuando aceptas tus tareas misericordiosas y compasivas con un espíritu humilde, caminas en el sendero del Buda. Cuando los miembros del centro budista Zen actúan en conjunto como Bodhisattvas, generan gran poder para el cambio social; tal es la *Sangha* como el Buda pretendía que fuera.

El *sutra Huayuan (Kegon)* refina nuestra comprensión del papel de *Bodhisattva* al presentar la doctrina de la interpenetración: yo y todos los seres nos reflejamos a la perfección y, de hecho, todos somos personas, animales, plantas y demás. La metáfora es la *Red de Indra*, un modelo del universo en el que cada punto de la red es una joya que refleja perfectamente a todas las demás. Este modelo se vuelve muy íntimo durante el estudio de Zen, empezando con nuestro análisis de la experiencia del Buda al ver la estrella de la mañana y exclamar: «Yo y todos los seres en este momento hemos alcanzado el camino»[7].

Estás en paz contigo cuando Kanjizai se sienta en tus cojines; en paz con el mundo cuando Kanzeon escucha a través del vello de tus orejas. Te abres a la canción del zorzal y a la palabrota de la prostituta; como Blake, quien conocía íntimamente la interpretación de las cosas:

> Camino por cada calle trazada
> cerca de donde fluye el Támesis trazado,
> y marco en cada rostro que encuentro
> marcas de debilidad, marcas de pesar.
>
> En el lamento de cada Hombre,
> en el llanto de temor de un Niño,
> en cada voz, en cada maldición,
> escucho las esposas forjadas por la mente.
>
> Como el grito del deshollinador
> espanta a toda Iglesia ennegrecida;
> y el suspiro del Soldado desgraciado
> corre en sangre por las paredes del Palacio.

> Pero lo que más escucho en las calles a medianoche
> es como la jovial palabrota de la Prostituta
> hace correr la lágrima del Recién Nacido,
> y arruina con pestes la carroza fúnebre del Matrimonio.[8]

Todos estamos interrelacionados; no solo las personas, sino también los animales, las piedras, las nubes y los árboles. Y, como escribiera Blake con tan apasionadas palabras, qué ruinas hemos dejado de la preciosa red de relaciones. Racionalizamos nuestra insensibilidad hacia las personas, los animales y las plantas; esposamos la mente encerrándonos en los conceptos fijos del *yo* y *tú*, *nosotros* y *ello,* del nacimiento y la muerte, del ser y el tiempo. Esto es sufrimiento y aflicción. Pero si podemos percibir que todos los fenómenos son transparentes, efímeros y, de hecho, por completo vacíos, entonces el zorzal cantará en nuestro corazón y mostraremos compasión por la prostituta.

Experimentar el vacío es también experimentar paz, y el potencial de paz es su desdoblamiento en forma de armonía entre todas las personas, animales, plantas y cosas. Los Preceptos formulan esta armonía, demostrando que la ausencia de matar y robar es la condición misma de la misericordia y la caridad.

Este es el camino medio del budismo Mahayana. Es la no conciencia de sí y, por ende, evita el perfeccionismo. No es egoísta y, por ello, evita el hedonismo. La perfección es la trampa de comprender los conceptos literalmente. Un sacerdote del sureste de Asia nos explicó hace muchos años en Koko An que su práctica consistía nada más en recitar sus Preceptos, cientos y cientos de ellos. Para viajar a los Estados Unidos tuvo que recibir una dispensa especial para utilizar dinero y hablar con mujeres. Sin duda se trata de un caso de perfeccionismo.

El hedonismo, por otra parte, es la trampa de la indulgencia con el ego que no permite que ningún tipo de censor, evidente o interno, interfiera con la autogratificación. El sociópata, impulsado solo por la estrategia de lograr su objetivo, es el modelo extremo de una persona así. Ciertos estratos sociales están plagados de sociópatas, pero todos podemos reflejarnos en esta condición. Observa con cuanta frecuencia manipulas a los demás. ¿Dónde está tu compasión?

En el estudio de los Preceptos se considera que la compasión tiene dos aspectos: la benevolencia y la reverencia. La benevolencia, despojada de su connotación paternalista, es nada más que el amor que sentimos por quienes necesitan nuestro amor. La reverencia, libre de las connotaciones pasivas, es simplemente nuestro amor por quienes expresan su amor por nosotros.

El modelo de la benevolencia sería el amor de un padre por su hijo, y el de la reverencia, el amor del hijo por su progenitor. Sin embargo, un hijo puede sentir benevolencia por sus padres, y los padres son capaces de sentir reverencia por los hijos. Entre marido y mujer, o entre dos amigos, estos modelos de compasión están siempre fluyendo, a veces mezclados, en ocasiones intercambiados.

Mirando la compasión con tanto detalle, entendemos el amor como es: la expresión de la consciencia más profunda, bien dirigida. Wumen (Mumon) utiliza esta expresión: «La espada que mata; la espada que da la vida»[9], al describir el acto compasivo de un gran maestro. Por un lado tenemos el amor que dice: «¡No hagas eso!», y por otro está el amor que expresa: «Haz lo que consideres mejor». Se trata del mismo amor, que una vez «mata» y otra «da la vida». Podemos decir a un amigo: «Eso está bien», y a otro: «Eso está mal»; los dos actos quizá sean bastante similares, pero, en nuestra sabiduría, podemos discernir cuándo utilizar el negativo y cuándo el positivo.

En ausencia de esta mente única, realizada, puede aparecer la corrupción. Recuerdo a un maestro de la India que ahora se ha vuelto muy popular; de él solo conozco sus múltiples libros. Sus escritos relucen con una sincera introspección; sin embargo, algo no concuerda. He leído párrafos sórdidos de antisemitismo y sexismo. Además, no previene a sus alumnos de la causa y el efecto en la vida cotidiana. ¿Qué falló aquí? Me parece que eligió un atajo para la enseñanza. Tengo la impresión de que tuvo una auténtica experiencia religiosa, pero no hizo el entrenamiento vital, paso a paso, que siempre sigue a la realización dentro de la tradición budista Zen. Zhaozhou (Joshu) se entrenó durante sesenta años antes de iniciarse como maestro: un ejemplo muy representativo para todos. El sendero religioso se inicia de nuevo con una experiencia de introspección y, a partir de ese momento, debemos entrenarnos con diligencia para madurar.

Uno de mis estudiantes me enseñó una máxima latina: *In corruptio optima pessima (*En la corrupción, lo mejor se convierte en lo peor). Para un maestro de práctica religiosa, la oportunidad de explotar a los estudiantes aumenta con su carisma y poder de expresión. Los estudiantes se vuelven cada vez más abiertos y confiados. La caída de un maestro así resulta catastrófica y puede provocar desmoronamiento social y psicológico en la *Sangha*.

Esto no solo es una violación de la decencia común, sino también de la visión del mundo que emerge de una experiencia profunda. Tú y yo emergemos como posibilidades de la naturaleza esencial, solos e independientes como las estrellas, aunque reflejando y siendo reflejados por todas las cosas. Mi vida y la tuya son la realización de la soledad absoluta y de la intimidad total. El yo es autónomo por completo; sin embargo, existe solo en resonancia con todos los otros «yoes».

Yunmen (Unmon) dijo: «La medicina y la enfermedad se corresponden mutuamente. Todo el universo es medicina. ¿Qué es el yo?»[10] No conozco un *koan* que señale de manera más directa hacia la *Red de Indra*. Yunmen (Unmon) está enfrascado en el desdoblamiento de la realización universal, muestra que el intercambio del yo y los demás es un proceso de salud universal. Para entender esto con claridad debemos encontrar la respuesta a la pregunta de Yunmen (Unmon): «¿Qué es el yo?»

¿Dices que no hay tal cosa? ¡Quién lo dice, después de todo! ¿Cómo explicar la individualidad de tu conducta, la unicidad de tu rostro? Los Dieciséis Preceptos del *Bodhisattva* enfocan la pregunta de Yunmen (Unmon), y la colocan en un contexto: el universo y sus fenómenos. Pero, aunque un filósofo sin concierto ni propósito evitaría el contexto, Yunmen (Unmon) no actúa así.

En cualquier caso, debemos tomar en consideración las actitudes culturales. Como budistas occidentales también tenemos una visión judeocristiana, tal vez sin saberlo. Es inevitable que tomemos estos Preceptos de una forma distinta, tal como lo hicieron los japoneses cuando los recibieron de China, y como lo hicieron los chinos cuando apareció Bodhidharma. Cuando nosotros decimos que una persona es alcohólica, los japoneses dicen: «Le gusta mucho el sake». La adicción es la misma, el sufrimiento también, y la vida se acorta de igual manera. Pero el Precepto sobre el abuso de una sustancia será aplicado por los japoneses de una forma y de otra por los norteamericanos.

También es importante verificar los cambios de la sociedad occidental durante los últimos veinte años respecto a las cuestiones tradicionales. El estudiante Zen occidental suele ser más sensible a estos cambios. Las enseñanzas judías y cristianas pueden parecer ahora débiles, y los ideales del siglo pasado que condujeron a los ciudadanos a celebrar con orgullo el Día de la Independencia y a cantar en honor de la bandera, han muerto por completo.

Ya no admiro a mi presidente, y cuando hablo con mis amigos, me doy cuenta de que ellos tampoco. El Gran Dirigente es un hombre hueco, la ley del mercado no puede comprobarse y el Estado Nación se burla de sus valores.

Esta pérdida de los antiguos conceptos e imágenes nos ofrece una libertad sin precedentes para utilizar las virtudes fundamentales: la «sabiduría de la abuela» referente a la conservación, la proporción y la decencia; la búsqueda de una fuente de reposo y paz que no tienen Oriente u Occidente. No es posible identificar con palabras y de manera específica dicha fuente; el maestro Zen Seung Sahn la denomina: «Mente del no saber». Él, yo y todos los que escribimos y hablamos del budismo, utilizamos palabras y personajes budistas para identificar dicho sitio; sin embargo, tales presentaciones se derrumban continuamente sobre sí mismas y desaparecen. Encontramos inspiración en el *Sutra del Diamante* y otros *sutras* de la tradición prajnaparamita, que subraya la importancia de no aferrarse a los conceptos, ni siquiera al de la budeidad[11].

Wuzu (Goso) dijo:

> «Sakyamuni y Maitreya son sirvientes de otro. Quiero preguntar: '¿Quién es ese otro?'»[12]

Después de realizar un análisis de ti mismo en busca de la respuesta a esta pregunta, quizá desees que el Buda y sus colegas se queden cerca de ti para brindarte ayuda. Tal vez ellos puedan inspirar tus sueños y sus palabras quizá expresen tus más profundas aspiraciones; pero si son servidores de verdad, desaparecerán en el momento en que se interpongan en el camino.

Necesitamos arquetipos que inspiren nuestras vidas, como sugieren nuestros sueños. Al ser laicos, no tenemos el modelo de un sacerdote como dirigente, sino que seguimos el sendero establecido por grandes personas laicas desde Vimalakirti hasta nuestro Yamada Roshi, que manifiesta y afirma el *Dharma* al mismo tiempo que mantiene a una familia.

Además, los Dieciséis Preceptos del *Bodhisattva* son también arquetipos, «medios hábiles» que utilizamos al orientar nuestro compromiso con el mundo. No son mandamientos grabados en piedra, sino expresiones de inspiración escritas en un elemento más fluido que el agua. Lo relativo y lo absoluto se mezclan. Estudiamos los comentarios sobre los Preceptos de Bodhidharma y Dogen *Zenji* como *koan*, pero nuestra vida cotidiana es un *koan* inmenso y polifacético que debemos resolver a cada momento y, aun así, nunca queda resuelto por completo[13].

CAPÍTULO 2

El Primer Precepto
No Matar

Los Diez Preceptos están expresados como negaciones, pero en realidad, al igual que los Diez Mandamientos de la tradición judeocristiana, no deben interpretarse de forma negativa o positiva, sino como presentaciones de la sabiduría compasiva que utiliza lo «negativo» y lo «positivo», lo «bueno» y lo «malo», de una manera sensata y decente. El Primer Precepto significa claramente no matarás, aunque también expresa cierta inquietud social (estimulemos la vida) y tiene relación con la mente (no hay ningún pensamiento de matar).

Existen tres elementos que utiliza un maestro Zen al transmitir los Preceptos: el literal, el compasivo y el esencial, o, según términos más técnicos, los puntos de vista Hinayana, Mahayana y de la naturaleza búdica. En esta acepción, no debemos confundir Hinayana y Mahayana con sus clasificaciones sectarias o geográficas; aquí se refieren a actitudes y no necesariamente a las creencias de los individuos que viven en Sri Lanka o Japón.

El punto de vista Hinayana de «no matar» es eso, sin más. El límite extremo de una interpretación literal del precepto no es del budismo, sino de la fe Jain, cuyos monjes filtran todo el agua que consumen para proteger a los animales microscópicos que podrían tragarse si no lo hicieran. No conozco lo suficiente la teología Jain como para saber cómo funciona el *ahimsa* (no lastimar) para sus seguidores. Sin duda suponen que existe una marcada distinción entre los mundos animal y vegetal, pues de lo contrario no podrían alimentarse. De la misma manera, en mi opinión, los vegetarianos estrictos tienden a caer en esta trampa. Es imposible evitar el orden natural de las cosas: todo en el universo está en simbiosis con lo demás.

> «Las pulgas mayores tienen pulgas menores en sus espaldas que las muerden; y las pulgas pequeñas tienen pulgas menores, y así *ad infinitum*».[1]

Un empresario diría: «Es un mundo en el que los perros se comen a los perros» y el *Bodhisattva*, al adoptar el enfoque Mahayana, no niega este hecho, solo el espíritu de un aforismo tal. Él o ella sigue el sendero de la compasión, nutriendo a todos los seres y recibiendo alimento de ellos.

El enfoque de la naturaleza búdica queda resumido en el *Sutra del Corazón*: «No hay vejez ni muerte, y tampoco hay un fin de la vejez y de la muerte»[2]. Es importante analizar a fondo este pasaje. El primer punto es que, en el mundo del *nirvana*, el mundo real de la infinidad vacía, no hay nada que pueda llamarse muerte. Desde este punto de vista, Takuan Zenji tiene razón: no hay uno que mate, no hay matar, y no hay a quien matar. La paz del vacío infinito impera en el universo.

En el capítulo anterior analicé los riesgos de esta postura absoluta cuando se toma de forma exclusiva. Si no hay espada, ni movimiento de la espada, no hay decapitación; entonces, ¿qué decir de toda la sangre? ¿Qué decir del llanto de la viuda y los hijos? La postura absoluta, cuando se aísla, omite por completo los detalles humanos. Las doctrinas, incluyendo el budismo, tienen como finalidad ser utilizadas. Debemos evitar que adquieran vida propia, porque entonces ellas nos utilizarían. El *nirvana*, la pureza y claridad del vacío, es el nombre que damos a la paz total que experimentamos en la realización más profunda. Pero es también el mismo mar que experimentamos crecer y bajar en el *sam-*

sara, el mundo relativo del ir y el venir. No podemos abstraer la profundidad de la superficie, ni la superficie de la profundidad. El acto de matar, aun en un estado mental de exaltación, no puede separarse del sufrimiento. El *nirvana* alcanzado en la práctica del Zen se encuentra «justo ante nuestros ojos», como dice Hakuin Zenji en su *Canto en alabanza del Zazen*[3]. No se trata de algo abstracto. Las hojas son verdes; las flores, rojas; nos levantamos y sentamos, nacemos y morimos y, aunque este sitio es la Tierra del Loto, la Tierra del Loto es este mismo lugar.

La práctica de la compasión va de la mano de la realización. En tus cojines en el *dojo* (centro de entrenamiento) aprendes antes que nada a ser compasivo contigo mismo. Recuerdo ocasiones en que, estando sentado en *zazen*, mi mente se vio asaltada por un tumulto de pensamientos y emociones atormentadas; quizá tú también hayas tenido esta experiencia. Hacemos el voto de salvar a todos los seres pero, ¿cómo salvamos a los canallas de la propia mente? Es necesario tratarlos como a vecinos que aparecen ante nuestra puerta mientras meditamos. Tomemos un momento para reconocerlos; después de todo, ellos están más cerca de nosotros que los vecinos.

«Oh, allí estás, pensamiento violento». Con este reconocimiento estamos en *Kanjizai*, en paz con nosotros mismos, porque ya no respondemos a ciegas a los pensamientos y emociones, y así ya no estamos a merced de nuestro *karma*. Entonces, cuando tu jefe u otra persona adopte un papel en la vieja obra familiar que formó tu vida, puedes exclamar: «¡Ah, ya te recuerdo!», y así disminuirá el dolor. Quedaremos solo con un conjunto de circunstancias, que pueden ser ya bastante difíciles sin la confusión creada por las nubes de las emociones infantiles. Esta práctica del *Bodhisattva* tiene raíces en el *zazen*, donde aprendemos a discernir entre el poder de un pensamiento único no reconocido (que nos arrastra) y la importancia de ver a través del mismo.

Los pensamientos y las emociones transmitidas desde nuestros abuelos, y aun antes, alteran a nuestras familias y crean el escenario para la continuación de una violencia sutil, e incluso abierta, en el futuro. Con consciencia, todo esto puede cambiar.

Podemos decir a nuestro cónyuge o a nuestro hijo: «No debí decir [o hacer] eso», y así reparar el daño, en cierta medida quizá sin consecuencias si se detecta a tiempo el problema; con una corrección semejante podemos debilitar la compulsión y, tal vez, en la siguiente ocasión, el error sea menor. Esto también es parte de la práctica del *Bodhisattva*. La libertad absoluta y la compasión devota son lo mismo para la mente búdica, pero incluso Sakyamuni tuvo que esforzarse para lograrlo. Después de todo, no experimentó la naturaleza verdadera nada más sentarse.

También existen pensamientos y emociones colectivos; compulsiones nacionales. Hoy en día nos presionan para hacer racionalizaciones que violentan los tres enfoques de «no matar». Los distinguidos filósofos sociales trabajan para definir una «guerra justa». Países enteros, culturas enteras, son destruidos por razones que llaman «pragmáticas», que no podemos negar sin destruir las suposiciones básicas, como la virtud del estado nación. Nos muestran estadísticas de paz y guerra a través de los siglos y con un suspiro nos vemos obligados a aceptar que el mundo ha hecho más guerra que paz. Aun así, para el budista no es posible apartarse de la posición integrada establecida por el Primer Precepto. Solo porque las estadísticas históricas muestren muchas guerras, no debemos concluir que detrás de la Historia existe el imperativo de hacer la guerra. De hecho, el imperativo es la autorrealización. La perversión de la realización propia en pro del engrandecimiento personal es lo que encamina el curso de nuestras vidas hacia la violencia. El hecho fundamental es que yo no puedo sobrevivir a menos que tú sobrevivas. Mi auto-realización es tu auto-realización.

El ego colectivo del estado nación está sometido a los mismos venenos de codicia, odio e ignorancia que el individual. Hemos llegado a una situación en los asuntos internacionales, y también en los locales, en la que resulta absurdo insistir, como siguen haciendo algunos de mis amigos budistas, en que las personas religiosas no participen en la política. ¿Qué es política? ¿La tortura es una forma de política? De hecho, la negación de la política dentro de la vida religiosa es, por sí misma, una declaración política. La época en la que la política significaba aliarse con una u otra facción del gobierno pasó hace mucho tiempo. La política en nuestra era de masacres nucleares es cuestión de ignorar el Primer Precepto o actuar de acuerdo con él.

Actuar conforme al Primer Precepto también implica el espíritu de no dañar el mundo natural. Los mismos venenos que nos dividen dentro de la familia, la comunidad y a través de las fronteras nacionales –codicia, odio e ignorancia–, arruinan los pastizales, agotan la tierra, talan los bosques y vacían químicos mortales en el agua y el aire. Hay quienes dicen que esto ocurre en nombre del «progreso». Me parece que lo más adecuado sería afirmar que sucede en nombre de la codicia. Estamos matando nuestro mundo, la red de vida y muerte que la naturaleza búdica realiza de muchas formas, evolucionando hacia lo que los budistas Mahayana denominan «la iluminación de las plantas y los árboles»[4]. Los animales y las plantas son seres mortales del mundo común, pero también son arquetipos que enriquecen nuestro proceso de maduración durante la infancia y pueblan nuestros sueños de adultos. Las personas tradicionales nos dicen que el tiempo del sueño es el mundo verdadero. Como animales humanos somos figuras de pesadilla en los sueños de lobos y de la mayoría de las otras criaturas salvajes. En nuestros laboratorios torturamos animales bajo la justificación de arrogantes suposiciones antropocéntricas, y convertimos las posibilidades de la Naturaleza en sórdidas carnicerías, reduciendo animales a simples máquinas, a la vez que degradamos a sus cuidadores humanos. Así, la época de ensueño empobrece y resulta deprimente.

No defiendo la postura perfeccionista que dice que, antes de trabajar para la protección de los animales, los bosques y las pequeñas granjas familiares –o por la paz mundial–, es necesario haber alcanzado la iluminación, la compasión y la paz absolutas. No hay límites al proceso de perfeccionamiento y, por ende, el perfeccionista ni siquiera puede iniciar el trabajo de *Bodhisattva*. La compasión y la paz son una práctica en los cojines del *dojo*, dentro de la familia, en el trabajo y en los foros políticos. Haz todo lo que puedas con lo que tienes a tu disposición y madurarás durante el proceso.

Hay muchas pruebas personales en esta práctica, desde el trato a los insectos y a los roedores, hasta los cuestionamientos sobre la pena capital. Quizá la prueba más íntima y difícil sea la que encara una mujer al considerar el aborto. Las posturas simplistas en favor de la vida y en pro del derecho a decidir no llegan a las profundidades de este dilema. A menudo, la mujer experimenta un inquietante conflicto entre su impulso sexual/reproductor y la realidad de su vida: social, económica y personal; de hecho, se enfrenta a tales realidades con cualquier hijo que pueda concebir.

Conozco a mujeres que afirmaron no experimentar ansiedad alguna ante la perspectiva del aborto, pero imagino que no estaban sensibilizadas para analizar sus sentimientos en ese momento. Quizá la ansiedad apareció en sus sueños. No hay duda de que la consciencia de uno mismo nunca es más importante que en los sueños.

Cuando asisto a las reuniones de convivencia de la *Diamond Sangha*, nuestro centro de budismo Zen en Hawai, tengo la impresión de que una mujer que se ha vuelto sensible a sus emociones es consciente de que el aborto es matar una parte de sí misma y terminar el antiguo proceso de dar un ser a la vida, iniciado en su interior una vez más. De esta forma, es muy posible que se sienta muy deprimida después de decidir practicarse un aborto. En este momento hay que tener compasión de la mujer, y ella debe tener compasión de sí misma y de su hijo no nacido. Si me consultan y exploramos cuidadosamente las opciones y me entero de que la decisión es definitiva, la estimulo a proceder con el acto con la consciencia de una madre que tiene en brazos a su hijo moribundo, al cual dará amor mientras sale de esta vida. El dolor y el sufrimiento son parte de la naturaleza del *samsara*, el flujo de la vida y la muerte, y la determinación de impedir el nacimiento se toma basada en el equilibrio con otros elementos de sufrimiento. Una vez que se alcanza la decisión, no hay culpa, sino un reconocimiento de que la tristeza se encuentra en todo el universo y que ese trozo de vida lleva consigo nuestro amor más profundo.

En el budismo japonés existe un servicio fúnebre para el *mizuko* («bebé de agua», el término poético que se da al feto). Como cualquier otro ser humano que pasa a la Unidad, recibe un nombre budista póstumo y así queda identificado como un individuo, aunque incompleto, del cual podemos despedirnos. Con esta ceremonia la mujer entra en contacto con la vida y la muerte que pasan a través de su existencia, y descubre que estos cambios básicos son olas relativas en el gran océano de la naturaleza verdadera, la cual no nace ni muere (ver el Apéndice).

Bodhidharma dijo:

> «La naturaleza propia es sutil y misteriosa. En el reino del Dharma perdurable, no dar origen a los conceptos de matar se denomina el Precepto de no matar».

La «naturaleza propia» puede entenderse como un sinónimo de «naturaleza esencial», y existe un motivo para utilizar los dos términos. La parte «propia», que se pronuncia *ji* en sinojaponés, es el ji de *Kanjizai*, el que percibe el yo en paz. *Kanjizai*, como tú o yo, no tiene pensamientos de matar. El yo en paz es la naturaleza esencial, como la experimentamos, y por ello se denomina «naturaleza propia». Es sutil y misteriosa, es la mente búdica que impera en todo el universo, realizada como el potente yo carente de sustancia.

«Conceptos» significa, literalmente, «enfoques», en el sentido original; otra traducción podría ser «opiniones». «No dar origen a» significa, literalmente, «no dar nacimiento a». En otras palabras, no nace concepto alguno de matar.

Bodhidharma adopta la postura esencial y no se refiere a los medios. La práctica de la paz y la armonía es paz y armonía, no una técnica diseñada para inducirlas. En la familia, «no matar» significa dar atención absoluta al cónyuge y a los hijos, y alcanzar una profunda percepción de lo que sienten. Hombres y mujeres tienen perspectivas distintas; niños y adultos viven en mundos diferentes. Sin caer en una perniciosa equidad en la que todos los puntos de vista tengan una misma validez, podemos jugar con los diversos enfoques y observar lo que sucede. Si me domina el ansia de protegerme, mataré los puntos de vista ajenos. Si practico el acto de dar vida, entonces podré ofrecer el enfoque que necesita otra persona.

Aun las convicciones más arraigadas pueden alterarse en la dinámica de dar y recibir donde hombre y mujer, niño y adulto, un amigo y otro, pueden sostener un diálogo con espíritu de confianza. Por supuesto, esto no es sencillo de lograr, pero el camino de la perezosa retirada conduce, invariablemente, al sufrimiento.

Incluso las opiniones peligrosas pueden ser analizadas en un diálogo, en la confianza de que su exploración profunda revelará el peligro. Esta es la virtud del teatro callejero en las manifestaciones por la paz. Las opiniones de otros se llevan a sus extremos y, cuando se presentan de manera creativa, el efecto es un reflejo de la realidad. De hecho, esto es «matar las opiniones» de otra persona, pero el motivo es *ahimsa*, no hacer daño, y no existe el pensamiento de quitar la vida.

El diálogo es el *Tao*. En el budismo Zen esto es el *mondo*, las preguntas y respuestas entre maestro y alumno, o entre estudiantes, que emiten chispas que ninguno de ellos puede crear por sí mismo. Sin pensamientos de matar, nuestra causa será pacífica y armoniosa. A través de las décadas de paz y trabajo ambiental de nuestro siglo, desde Satyagraha hasta el Movimiento para una Nueva Sociedad, observamos dirigentes que se aferran a la paz. Hacen girar la rueda del *Dharma* de paz, usando medios que por sí mismos son expresivos e instructivos. Cuando transmitimos así la verdad a las personas que abrigan conceptos de violencia, la compasión no se ve comprometida.

Decir «la verdad al poder», el ideal de la Sociedad de Amigos, es un acto no violento e inclusivo. En fecha reciente, los dirigentes de una organización de paz organizaron una reunión con un importante oficial militar que gozaba de gran autoridad. No sé por qué aceptó encontrarse con ellos y desconozco el resultado de dicha reunión. Solo me hablaron de las discusiones que hubo dentro de la organización antes del encuentro. La delegación tuvo que decidir qué dirían. Después de probar con diferentes actitudes, los miembros de la delegación se rindieron y decidieron abrir la conversación con la pregunta: «¿Cómo va todo?» En otras palabras, con su enorme y asombroso poder, con el posible desenlace de una guerra nuclear como resultado de algo que decidan hacer en caso de emergencia, ¿cómo es posible que no pierdan la esperanza? Cuando hablamos así desde el mismo lado de la barrera, somos seres humanos en un conjunto; desaparece la dicotomía nosotros-ellos y la paz tiene una posibilidad de salir triunfante.

Esta paz no es el vacío de una cámara para privación sensorial, o la armonía creada por la autoridad. Se trata de la paz del yo olvidado que hace la labor del mundo.

Dogen Zenji dijo:

> «La semilla búdica crece en concordancia con no quitar la vida. Transmitid la vida de la sabiduría del Buda y no matéis».

Dogen Zenji es como una abuela amable que nos acaricia y estimula. Dice que con la práctica de no matar te conviertes en Buda y trasmites su sabiduría. Debemos estar agradecidos por su orientación hacia el sendero verdadero.

Bodhidharma adopta una postura absoluta de inamovible pureza y Dogen Zenji ofrece una forma de práctica que debe seguirse paso a paso. El método práctico de no hacer daño comienza con un estilo de vida que reconoce todas las implicaciones actuales de la cultura popular occidental, y también de la oriental. Cuando miro mi cámara fotográfica y leo en letras pequeñas: «Hecha en Singapur», pienso en las mujeres que tienen un empleo en la fábrica, con bajos salarios, y en cuya vida no tienen cabida las labores creativas. Pienso en los trabajadores estadounidenses que carecen de empleo debido a que la fábrica fue trasladada a Asia. No existe un remedio inmediato para esta injusticia, pero la toma de consciencia es el inicio de la Acción Correcta. Reunir y publicar la información sirve para diseminar la toma de consciencia. Así, cuando han quedado claros los hechos, se hacen evidentes las opciones para actuar. Y la acción es eficaz debido a que la sinergia del esfuerzo del grupo esparce aún más la consciencia.

Cuando escucho a los niños, me percato de cuan íntima es su relación con la cultura popular (violenta). En este caso tampoco existe un remedio inmediato. Los padres están atrapados en un doloroso dilema, pues conocen el poder de la televisión y las influencias escolares, y saben que corren el riesgo de quedar aislados como consecuencia de sus advertencias bien intencionadas. Una vez más, la *Sangha* es nuestro tesoro, pues ofrece un marco de referencia que cultivará las Opiniones Correctas. Es importante que unamos fuerzas para encontrar nuestros propios medios específicos que mejoren este cultivo.

Para mí todo esto tiene su origen en el *zazen*, término que, en la práctica cristiana o de cualquier otra religión, puede traducirse como «meditación». No pretendo convencer a nadie de que el budismo Zen es el único camino disponible. Empero, la verdadera meditación, sin importar su linaje, no es solo cuestión de sentarse en silencio. Durante el tiempo que pasamos en los cojines desaparece todo lo que se encuentra en el universo, y la paz que experimentamos es la paz eterna.

Cada uno de nosotros encuentra inspiración en símbolos y arquetipos particulares. Cuando compré la figura de Bodhidharma que preside el Zendo Koko An (nuestra sala Zen en Honolulu), su hermano Dogen estaba a la venta en el mismo escaparate de la librería en Tokio. Solo adquirí la mitad de la pareja. Es posible que, en algún sitio, el maestro del Camino esté dirigiendo a otro grupo de amigos. Mi responsabilidad como maestro Zen es evocar a Dogen Zenji en el corazón e invitarles a que hagan lo mismo; que practiquen el acto de dar vida inspirados en el gran ejemplo de Bodhidharma y en la concisa expresión de la verdad. Independientemente de la forma de vida que se lleve, la paz en la actitud, la paz en las palabras, la paz en la expresión de la verdad ante el poder de la codicia y la crueldad del mundo, todo esto tiene su origen en una rigurosa práctica religiosa.

CAPÍTULO 3

El Segundo Precepto
No robar

Hace muchos años, viviendo en Los Ángeles, pasé grandes penurias; trabajaba en una librería en la esquina de la calle Ocho con Hope ganando 1,15 dólares a la hora, y vivía en la YMCA cercana. A veces iba a un bar a tomar unas cervezas después de cenar, y en una de esas ocasiones, un hombre elegante, de edad media, se sentó a mi lado. Estaba ebrio y hacía ostentación de una cartera repleta de billetes. El camarero le sirvió una copa y luego le dijo que volviera a casa y cuidase de su dinero. El hombre me informó de que era de Sacramento y me pidió que le ayudase a regresar a su hotel.

Lo acompañé hasta su hotel, que estaba a una manzana del bar, y entonces, como caminaba con dificultad, lo llevé hasta su cuarto e incluso entré con él, pues estaba muy indispuesto. Utilizó el baño, salió y, sin decir palabra, se quitó los gemelos de oro, el reloj de oro y se sacó la cartera del bolsillo, puso todo encima de la cómoda, se puso el pijama, se metió con dificultad en la cama y se quedó profundamente dormido, dejándome solo.

No tuve la tentación de robar sus objetos de valor, pero ahora me pregunto si esto se debió a que tenía una gran fuerza moral, o solo al temor de cometer un robo. Por supuesto tuve fantasías durante muchos meses con la cartera depositada sobre la cómoda llena a reventar de billetes de cien dólares; habría sido muy sencillo tomar un año completo de sueldo. Podría decirse que, mentalmente, violé muchas veces el Segundo Precepto durante los meses que siguieron al suceso.

Al pensar ahora en la situación, me doy cuenta de que también robé algo de mí mismo durante ese incidente. Fui generoso al acompañar al hombre ebrio a su hotel, pero fui muy osado al acompañarlo más allá de la recepción. Habría sido mejor haber hecho una señal al portero al pasar frente al mostrador y los empleados del hotel se habrían encargado de llevar a mi compañero a la cama. Me puse en peligro de forma innecesaria al actuar como agente de la compasión. Estaba arriesgando mi capacidad para ayudar a otros en ocasiones posteriores, pues existía el riesgo de que el desconocido borracho hubiese armado un escándalo cuando nos encontramos a solas en su habitación y tal vez me hubiera podido acusar de algo. Si debo tener un expediente policial, que sea por algo que pueda justificar, sin temor, desde el terreno de mi *dojo*.

Hay muchas formas de robar algo a uno mismo, alguna de ellas en el propio *dojo*. El robo de tiempo es una. Yamamoto Gempo Roshi solía llamar a esta forma de robo la «mayor de todas las infamias». Con frecuencia pasamos tiempo en los cojines para entregarnos a toda clase de tonterías, mientras el reloj biológico prosigue, implacable, su camino. También robamos tiempo a nuestras vidas como Bodhisattvas para hacer cualquier clase de locura, fuera de toda proporción respecto a nuestras necesidades naturales de esparcimiento. Estos actos son costumbres, seres que poseen una fuerza de vida propia que debemos reconocer y enfrentar en un diálogo.

Podemos anunciar: «¡Es hora de sentarse! Volveré más tarde». El tiempo de diversión con parientes y amigos también tiene un lugar. Sean firmes, aunque pacientes, y así los hábitos que hacen perder el tiempo encontrarán desahogo en las actividades de recreo.

Sobre el cojín podemos anunciar: «¡Vuelvo a *Mu*!»[1], y el demonio que quiere robarnos tiempo para reorganizar los muebles del piso tendrá que esperar.

Otra forma de robar sentados en vuestros cojines consiste en la actitud de expectación. La práctica es un proceso paulatino; la perfección de la personalidad, como dijo Yamada Roshi, pero cada paso es absoluto y completo. Cuando centramos la atención en una serie de pasos y su meta, nunca podremos alcanzar nuestro objetivo y, de esta manera, desperdiciamos nuestra vida. Cada aliento, cada *Mu* representan el cuerpo mismo del *Dharma*. No se priven de él.

«No robar», al igual que los otros Preceptos, describe la mente, la cual emerge de una posición de sosiego.

Bodhidharma dijo: «La naturaleza propia es sutil y misteriosa. En el dominio del *Dharma* inalcanzable, llamamos Precepto de no robar a no tener pensamientos de ganancia».

La mente es paz, y debido a que es paz, también es vasta y generosa. No hay pensamientos de ganar, así que es posible apreciar totalmente las cosas tal como son.

Dogen *Zenji* dijo:

> «El yo y las cosas del mundo son tal como son. La puerta de la emancipación está abierta».

«Tal como son» equivale a tomar consciencia de: «¡Caramba! ¡Esa cartera está repleta de billetes de cien dólares!» En ese momento, o después, no existen pensamientos de meterlos en mi bolsillo. Esto es el espíritu vasto y generoso de dejar ser, la perfección de la caridad o de entregar el *Danaparamita*. Es asimismo la revolución que trastorna por completo el comportamiento convencional.

Robar es un impulso siempre presente en nuestras vidas y representa la naturaleza de nuestro sistema económico. Los ricos se hacen más ricos y los pobres más pobres.

Pongamos un ejemplo extremo: una gran corporación estadounidense cultiva verduras en el Sahel, cerca del desierto del Sáhara. Estas verduras se envían a Europa, donde llenan las ensaladeras de quienes tienen recursos. Los trabajadores africanos de la enorme granja, cuyas familias y amistades viven en los límites de la inanición, son sometidos a una revisión al terminar el día para comprobar que no estén robando verduras para llevarlas a casa. Empero, las tierras que cultivan, ahora propiedad de la corporación, fueron antiguamente suyas para espigar y pastar.

No nos percatamos de ejemplos similares que ocurren cerca de nosotros porque estamos acostumbrados a ellos, pero nuestros barrios bajos y de indigentes son síntomas claros de una economía manipulada tanto en el país como en el extranjero, para crear los fundamentos del desempleo, de tal forma que la competencia para conseguir un trabajo mantenga los salarios en un nivel mínimo, y los accionistas obtengan mayores ganancias. Una minoría «afortunada» explota el mundo natural para recibir beneficios a corto plazo, en tanto que otras personas, animales, plantas, y el mismo organismo de la Tierra, sufren.

Al mismo tiempo, la explotación no es ajena a nuestra mente. Basta mirar la televisión unos minutos para ver con cuánta facilidad nos dejamos seducir por el atractivo del consumismo. Mahatma Gandhi dijo:

> «No siempre nos damos cuenta de nuestras verdaderas necesidades, y la mayoría multiplicamos, de manera equivocada, nuestros deseos y, de esta forma, sin darnos cuenta nos convertimos en ladrones. Si pensamos un poco en este tema, veremos que podemos desembarazarnos de gran cantidad de nuestros deseos. El que sigue los dictados de no robar, logrará una deducción progresiva de sus deseos. Gran parte de la desconsola-

dora pobreza de este mundo nació de las violaciones al principio de no robar».[2]

Observen que Gandhi no habla de reducir las posesiones, aunque esa sería la consecuencia natural, como ocurrió en su caso. Él solo habla de reducir las necesidades, y estas se originan en la mente. Nuestro mundo enfrenta la peor de sus crisis debido a que todos estamos implicados en una conspiración para acabar con sus recursos no renovables, para así satisfacer la demanda creada por el hecho de consumir. Con el paso del tiempo, el petróleo y los minerales serán más escasos y la brutalidad, que resulta evidente en el ejemplo del Sahel, quizá se vuelva más común tanto en nuestro país como en el extranjero. Unto Tähtinen dijo:

> «Existen dos formas de evitar la guerra: una es satisfacer los deseos de todos; la otra, conformarse con el bien. La primera no es factible por las limitaciones del mundo y, por tanto, solo resta la segunda alternativa de la conformidad».[3]

No robar es conformidad, no tener pensamientos de obtener. Esto se origina en lo más profundo de la mente, más que en la simple decisión de prescindir de los lujos. No es más que la puerta abierta a la emancipación, *anuttara-samyaka-sambodhi*, la mente que experimenta la transparencia de todas las cosas y sus íntimas interrelaciones. La aplicación de esta experiencia es mucho más que enviar un cheque de vez en cuando a una sociedad de beneficencia. Una vez más, Gandhi ofrece palabras esclarecedoras al respecto:

> «En la India tenemos tres millones de personas que deben conformarse con una comida al día, que consiste en chapati sin grasa con una pizca de sal. Usted y yo no

> tenemos derecho a las cosas que... poseemos, hasta que esos tres millones estén mejor vestidos y alimentados. Usted y yo, que deberíamos estar avergonzados, tenemos que adecuar nuestros deseos e, incluso, someternos al hambre voluntaria para que ellos puedan recibir atención, alimento y vestido»[4].

Y como quedó claro en el ejemplo de la vida de Gandhi, el movimiento social para reducir las necesidades es lo que da una esperanza para el cambio político. Nuestros grupos Zen pueden convertirse en *Sanghas* danaparamita.

Algunas personas creen que, como la competencia y el acaparamiento son herramientas útiles en la explotación de los demás, las personas iluminadas deben buscar el ideal de la no competencia y la no adquisición. Hace muchos años Anne Aitken y yo dimos clases en un internado privado que tenía sus fundamentos en el principio de la no competencia. Fue un fracaso. Los jóvenes no tenían que esforzarse; muchos se volvieron perezosos y otros hallaron medios destructivos y ocultos para competir. La competencia *puede* ser sana. Después de todo, la misma conversación es una forma de competencia, y en su máxima expresión, en los diálogos Zen, salva a todos los seres. Cuando olvidamos el yo, el juego se convierte en el objeto y todos nos beneficiamos. Y con respecto a la adquisición, recordemos que Gandhi y el propio Buda tenían muy pocas pertenencias. La competencia agudiza nuestra realización, y ciertas posesiones son inherentes a la vida. ¿Cuándo se convierten en algo negativo?

En Japón llaman *unsui* a los monjes, que significa «nube y agua», y que implica que no tienen hogar, ni necesidades del ego, ni apegos. Sin embargo, en realidad tienen unas cuantas pertenencias: un par de antologías de casos clásicos del Zen, algunas vasijas, artículos de baño y túnicas, como ocurrió en el caso del Buda. Cuando en 1964 visité el monasterio Ryutaku, la *Sangha* estaba alterada por la presencia de un nuevo monje que robaba las pocas posesiones de los demás. Todos los días, los monjes mayores se reunían largo rato con el Roshi para analizar el problema. Puedo imaginar que discutieron a fondo la postura literal: «Violó el Segundo Precepto», y la postura absoluta: «No hay robo ni nada que robar». Mas el resultado fue el camino medio de la compasión. Un año después volví a visitar el monasterio y descubrí que el monje seguía allí, libre al fin de sus problemas y viviendo en una comunidad pacífica.

Opino que un problema tan difícil no se habría resuelto si los monjes no se hubiesen dado cuenta de que el ladrón era un individuo carente de amor, que robaba para compartir lo que a otros pertenecía en una especie de lealtad perversa. El *dana* (caridad), en este caso, fue el reconocimiento de una responsabilidad por el monje confuso, así como por las pertenencias personales. De hecho, al final cada monje pudo decir: «Eres mi hermano y te quiero»; así pudieron corregir un impulso patológico y destructivo que pedía amor, sin pensar en robar o proteger, y el Tao se volvió una realidad.

La competencia, la adquisición y la posesión se convierten en impulsos negativos cuando falta la compasión, cuando no se presta atención al *dana*. Zhaozhou (Joshu) refinó su realización en un duelo *Dharma* durante veinte años, con la finalidad de prepararse para ser un instrumento de compasión y, desde el principio, declaró con generosidad que estaba abierto, incluso, a la enseñanza de un niño de siete años. De esta forma se convirtió en uno de los más grandes maestros Zen.

La adquisición y la posesión son generosas cuando el estado mental es «tal como es». El maestro de té experimenta la taza de té y se inclina ante la venerable tetera, pero en la actualidad quedan pocos de estos maestros y la ceremonia del té suele reducirse a una mera exhibición en la que se ha olvidado el significado religioso. Rainer Maria Rilke también lamenta esta pérdida en la cultura europea:

> «Aun para nuestros abuelos, una casa, un pozo, una torre conocida, la ropa misma, sus abrigos: todo esto era mucho, infinitamente más íntimo; casi todo era el vehículo en el que hallaban al humano y al que añadían ingredientes al almacén de lo humano. Ahora, desde América nos llegan cosas varias e indiferentes, cosas fingidas, una imitación de vida... Una casa, en el sentido americano, una manzana o viña americana por allí, nada tiene en común con la casa, el fruto, la uva en las que quedaron guardadas las esperanzas y reflexiones de nuestros ancestros... Las cosas vivientes, nuestras cosas vividas y conscientes, están acabándose, y ya no podemos reemplazarlas. Tal vez somos los últimos que conocieron tales cosas. Sobre nosotros recae la responsabilidad de preservar, no solo su recuerdo (eso sería muy poco y nada fiable), sino también su valor humano y laral. (Laral en el sentido de los dioses del hogar o lares)».[5]

Un letrero en algunos monasterios budistas Zen anuncia: «Vasijas y trastos son el cuerpo de Buda», lo que recuerda a los cocineros el principio de «tal como son». Los *zafus* (cojines) y mantas, los martillos y las palas, todos forman el cuerpo de Buda. Reconozco que me siento ofendido cuando veo *zoris* abandonados en cualquier parte frente a las puertas de un templo, cuando observo que alguien arregla el cojín con un pie, cuando veo herramientas abandonadas bajo la lluvia. Las cosas, en conjunto, son fieles; obedecen las reglas con exactitud y a cambio les debemos benevolencia.

El descuido con los objetos preciosos es una forma de robo, pero también lo es la codicia del coleccionista. En una ocasión, Nakagawa Soen Roshi, Anne Aitken y yo visitamos a una Maestra y curandera budista en Honolulu. Era una mujer notable, muy carismática, que tenía muchos fieles seguidores y un templo magnífico. Pero su interés por el dinero era un defecto de su personalidad y todos los días violaba el Segundo Precepto. Como sabía que nos gustaba la ceremonia del té, esta Maestra nos condujo hasta su tesoro, donde había cientos de tazas de té guardadas en cajas colocadas en repisas a lo largo de una pared. Bajó varias de ellas, las sacó de sus cajas, las desenvolvió una a una para que las admirásemos, y en cada ocasión preguntó: «¿Cuánto cree usted que puede costar esta?» Y entonces, rompiendo el silencio, ella misma respondía a su pregunta: tantos miles de yenes. Con esas estadísticas en la cabeza era muy difícil salir con un comentario como: «¡Qué hermosa taza!»

La ceremonia del té llevó consigo desde el principio las semillas del fracaso, porque era una forma de pobreza para los ricos. Por otra parte, el budismo Zen en Asia empieza a morir debido a que su peculiar forma de pureza ya no afecta a la comunidad en general. En los tiempos del Buda y a lo largo de todas las épocas hasta hace siglo y medio, el mundo que se encontraba fuera de las paredes del templo solo «era»; aparecían y caían gobernantes déspotas y benevolentes, y el individuo que enfrentaba dificultades personales podía acudir al monasterio para un retiro, o convertirse en monje o monja.

En la actualidad, las engañosas ilusiones de la codicia, el odio y la ignorancia alimentan los sistemas industriales y políticos que amenazan la estructura misma de la vida. El aire, el agua y la comida son escasos y están envenenados, y la maquinaria de muerte y destrucción empieza a acelerarse. El *dojo* siempre ha sido un centro de retiro y entrenamiento, pero ahora debemos hacer mayor énfasis en el entrenamiento personal como una comunidad *danaparamita*, para ser un nuevo punto de crecimiento dentro de la coraza de la antigua sociedad. Para empezar, tomemos el caso de la perfección de la caridad dentro de nuestra *Sangha*, donde unos a otros nos brindamos cuidados y estímulo. Los conflictos no resueltos dentro de la *Sangha* interrumpen el flujo de amor desde su fuente y se burlan de nuestros programas de voluntariado en la comunidad. Sin embargo, cuando existe la armonía entre nosotros podemos encontrar inspiración en el vasto cielo del *samadhi* y en la forma en la que el Buda mostró su escudilla en el mundo.

El Buda fue un santo errante, y su presencia llevaba la paz a quienes lo recibían. *Ahimsa* fue un estilo de vida personal para su *Sangha*, pero los tiempos del Buda no son los nuestros, y de los hechos de Gandhi podemos aprender la forma de aplicar en nuestro mundo imperialista las antiguas enseñanzas de la no violencia.

También en nuestra época tenemos la posibilidad de aprender de y participar con otras comunidades de compasión, grupos que tienen inquietudes que abarcan desde las libertades civiles hasta la paz y la ecología; grupos que, de hecho, ya enseñan *danaparamita.* Las comunidades budistas *danaparamita* se encuentran a la vanguardia de un movimiento no violento que pugna por un cambio social, en conjunción con grupos cristianos, judíos y humanistas.

Pero Bodhidharma y Dogen Zenji delimitaron la especial contribución que pueden ofrecer las comunidades budistas. El vasto y generoso estado mental que da origen al *danaparamita* es el ámbito del «gran vacío», del «nada es santo» y también la condición humana de «la mente y el cuerpo caídos». Es, asimismo, el *dojo* de la vacuidad, el terreno informe donde la taza de té se ve solo como eso, una taza de té, tanto en sí misma como en una simbiosis con todos los componentes del universo, incluido uno mismo. En términos prácticos y cotidianos, es donde cuidamos de nuestros amigos.

Este es el milagro actual de la vida ordinaria de todos, pues el *dojo* es al fin mi hogar, y la *Sangha* es nuestra comunidad que fluye hacia el exterior en círculos ilimitados originados en nuestro centro de paz. Este lugar, en este momento, es la Tierra de Loto, y aún no lo es; y este «aún no lo es» representa nuestro acto de inclinarnos ante el otro, sentarnos sobre nuestros *zafus* e iniciar nuestra labor de mostrar el *Dharma* en un mundo en crisis.

CAPÍTULO 4

El Tercer Precepto
No hacer mal uso del sexo

El título original de este Precepto es: «no entregarse a la perversa lujuria» (una especie de redundancia que en chino –y en inglés antiguo– puede ser una expresión muy fuerte). *Lewdness* (lujuria) suena bastante peculiar en inglés moderno, pero su derivación es instructiva. Proviene de una antigua palabra inglesa que significa ignorante, en el sentido de grosero, zafio. No entregarse al sexo grosero. Es un buen Precepto para todos nosotros.

¿Qué dijeron del sexo nuestros predecesores budistas Zen? No encuentro en el detallado índice en mi lista de cerca de 5.500 *koan*, ninguna entrada para este tema[1]. Sin embargo, conozco un *koan* muy pertinente y, aunque está teñido de actitudes estereotipadas hacia las mujeres, también refuta la conducta puritana que suele asociarse con la religión, tanto en Occidente como en Oriente:

> En la antigüedad, una anciana dio albergue y comida a un ermitaño durante un periodo de veinte años. Un día envió a su sobrina, de dieciséis, a que entregase la comida al ermitaño, indicándole que le hiciera proposiciones para ver cómo respondía él. La muchacha puso la cabeza en el regazo del ermitaño y le dijo: «¿Qué te parece esto?» El ermitaño respondió: «El árbol marchito está arraigado en una vieja roca, en un frío intenso. Durante los meses de invierno no hay calor, no hay vida».
>
> La joven informó de lo anterior a su tía y la anciana replicó: «¡Ese grosero! ¡Y pensar que le hice ofrendas

durante veinte años!» Expulsó al ermitaño y quemó su choza.[2]

Aunque podemos cuestionar el uso de la sobrina como cebo para poner a prueba la realización del monje, resulta obvio, por la respuesta final de la tía, que ella tampoco aprobaba, de manera fundamental, el uso del sexo. El ermitaño no respondió al ser humano que posó la cabeza en su regazo; solo utilizó a la joven para expresar su postura ascética.

Por eso la tía le llama grosero, vulgar. La lujuria es grosera y el ascetismo, con frecuencia, también puede ser vulgar. La mujer mayor lo expulsa de su casa y quema la choza en la que vivía el ermitaño. El fuego es el símbolo onírico del sexo. Clama: «¡Tú no tienes cabida aquí! ¡Aquí pertenece el sexo!», o, al menos es una forma de reconocimiento del sexo.

En mi lista de *koan* este caso aparece clasificado bajo el título: «Ofrendas a los monjes», y la ausencia de una clasificación para el sexo va de acuerdo con la cortina que suele cubrir este tema en el Zen[3]. Tras una cuidadosa revisión de la literatura, podemos encontrar advertencias de Dogen Zenji que nos invitan a evitar entregarnos a habladurías sexuales, pero eso es todo lo que se dice al respecto, excepto por este Precepto y los breves comentarios al mismo. En un monasterio Zen todo está organizado y programado, la comida, el sueño, el *zazen*, el trabajo e incluso las visitas al baño, pero en lo que respecta al sexo, es como si no existiera. No soy tan inocente como para suponer la posibilidad de una situación semejante, aunque debo reconocer que la única forma de sexo que pude observar durante los muchos meses de mi residencia en un monasterio Zen japonés fueron discretos juegos homosexuales entre los monjes más jóvenes.

El caso de la tía y el ermitaño no aparece incluido en las antologías de *koan* elegidas para el estudio del Zen bajo la dirección de Harada Dai'un Roshi, pero suele formar parte del curriculum Rinzai. De cualquier forma, cualquiera podría preguntarse cómo es posible que los estudiantes apliquen esta enseñanza. En los monasterios Zen de la actualidad, las mujeres, por regla general, solo pueden ingresar para el *sesshin* (retiro); se sientan en una habitación aparte y solo se juntan con los hombres durante las comidas, los *sutras* y *teishos*, e incluso entonces permanecen reunidas en grupo. A la hora del *teisho* los laicos se sientan con los monjes y las mujeres se sientan en el otro extremo de la habitación con los visitantes que acuden para escuchar la charla. El mensaje resulta evidente: «El Zen es para los hombres».

Los japoneses suelen atribuir la responsabilidad de la distracción sexual a las mujeres. Al menos hasta hace poco, los jóvenes japoneses de los dos sexos se mezclaban con poca frecuencia durante la adolescencia, y el monje que ingresaba en un monasterio a los dieciocho años no estaba capacitado para hacer frente a la presencia de una mujer en el *dojo*. La aparición de esta durante el *zazen* evocaría los deseos sexuales largo tiempo reprimidos, lo que ocasionaría la desaparición de *Mu* y, en consecuencia, un fracaso en el cuarto del *dokusan* (entrevista) y la interrupción de la rutina monástica.

El *Roshi*, responsable del núcleo esencial del programa de entrenamiento Zen, no suele mostrar interés alguno en tratar de reformar la sociedad que le plantea este problema. En su ambiente soluciona el conflicto de la única forma que le parece factible: excluyendo y segregando a su «causa» inmediata. Pero este es un modelo negativo para quienes practicamos el Zen en Occidente y, como tal, muy instructivo.

Senzaki Nyogen Sensei tenía predilección por la historia de la monja Eshun quien, al parecer, practicaba con una *Sangha* de monjes:

> Veinte monjes y una monja, llamada Eshun, practicaban meditación bajo la guía de un cierto maestro Zen. Eshun era muy guapa, aunque tenía la cabeza afeitada y su atuendo era sencillo. Varios monjes se enamoraron de ella en secreto y uno de ellos le escribió una carta de amor en la que insistía en tener un encuentro privado.
>
> Eshun no respondió. Al día siguiente, el maestro dio un *teisho* al grupo. Cuando terminó, Eshun se levantó y encaró al monje que le había escrito, diciendo: «Si de veras me amas tanto, ven y abrázame ahora».[4]

Uno de mis estudiantes comentó que la actitud de Eshun fue de santurronería, pero yo no estoy seguro. En su contexto tal vez la respuesta fue adecuada. En las circunstancias actuales buscamos sinceridad en situaciones así y podemos entender su intención. De cualquier manera, si tú fueses el monje, ¿cómo habrías respondido al desafío?

Al discutir este asunto con los estudiantes yo dije que me habría aproximado para inclinarme o, como se hace en nuestra sociedad, para estrechar su mano. Un estudiante contestó: «Si yo fuese el monje, me habría acercado para abrazarla». Esta es una respuesta al estilo Zen, pero también resulta muy moderna y occidental.

Por lo que sé los centros Zen de los Estados Unidos en la actualidad reciben tanto a hombres como a mujeres. Esta disposición, parecida a la de la vida común fuera del centro, conlleva muchas crisis centradas en el sexo. En el cuarto del *dokusan* pueden interrogarnos acerca de la tía y el ermitaño. La pregunta sería: «En esa situación, ¿cómo habrías respondido como ermitaño a la sobrina?» Al igual que en todos los buenos *koan*, este es muy claro y conciso y solo existe una respuesta posible. Sin embargo, la prueba de fuego para la presentación en el cuarto del *dokusan* es el acto mismo en un momento posterior. Supongamos que estás en el apartamento de tu amiga y las circunstancias son así y asá. ¿Cómo responderías en ese momento y lugar, con esa persona? ¡Nada de vacilar!

La prueba de fuego también se encuentra en el centro de entrenamiento de budismo Zen en Occidente, donde hombres y mujeres, no solo se sientan juntos en el *dojo*, sino que además comen, trabajan y, a veces, se bañan al mismo tiempo. ¿Cómo afectan estas disposiciones a su entrenamiento Zen? ¿Cómo se aplica el entrenamiento Zen en estas circunstancias?

Aunque existen muchos problemas, me parece que el efecto general de tal proximidad es beneficioso para la práctica. Estar en asociación estrecha con el otro sexo durante todo el día es una experiencia de totalidad. Siguen presentes las fantasías sobre el sexo, pero, sin duda, son menos intensas de lo que serían si no hubiese la oportunidad de experimentar la humanidad del otro en el dar y recibir del acto de cocinar, cuidar del jardín o arreglar juntos el techo. En esta dimensión nos encontramos mejor capacitados para aceptar los pensamientos como algo natural y normal, y permitir que desaparezcan. Existen tensiones en una comunidad coeducativa, pero también las hay en comunidades célibes. La gente en combinación produce tensiones. Podemos utilizar estas tensiones de forma creativa o permitir que ellas nos utilicen.

El impulso sexual es parte del sendero humano hacia la autorrealización. Con la moral sexual moderna, relativamente permisiva, tenemos mayores posibilidades de explorar nuestra naturaleza humana a través de las relaciones sexuales. Por supuesto, al mismo tiempo hay más oportunidades para que las personas centradas en sí mismas utilicen el sexo como un medio para alcanzar el poder personal. El sendero que elijas se origina en tu propósito personal. ¿Por qué estás aquí?

El Roshi encargado de un monasterio que evita las dificultades simplemente dividiendo a la Humanidad en dos, tuvo una contraparte occidental en la sociedad victoriana, donde la exclusión y la segregación eran armas de control. Con ayuda de las actitudes culturales occidentales en evolución, quienes participamos del movimiento Zen podemos utilizar el sexo en nuestra práctica en vez de tratar de excluirlo. No quiero decir que debamos experimentar con el *tantra*, sino que simplemente tenemos que reconocer que la energía sexual es parte del tesoro de la *Sangha*.

Por supuesto no podemos justificar el rechazo del sexo y la aceptación de otros impulsos y emociones humanos como la ira, el miedo, el hambre y la necesidad de sueño. Todo lo que hemos aprendido en los cojines prueba que las condiciones físicas y mentales, la voluntad y las emociones son componentes humanos que deben integrarse en nuestra práctica cotidiana y el ejercicio del *zazen*. A pesar de su naturaleza extática, a pesar de todo su poder, el sexo no es más que un impulso humano más. Si lo evitamos porque resulta más difícil de integrar que la ira o el miedo, estamos reconociendo que cuando llega el momento de la verdad no podemos seguir los dictados de nuestra práctica. Esto es deshonesto y poco sano. Según el evangelio gnóstico de Tomás, Jesús dijo:

> «Si sacas lo que tienes en el interior, lo que sacas te salvará. Si no sacas lo que tienes en el interior, lo que no sacas te destruirá[5]».

Ten cuidado: hay muchas personas internadas en cárceles y asilos porque pensaron que Dios les dijo que apretaran el gatillo o utilizaran el hacha. Las palabras de los maestros mundiales, como Jesús y Buda, pretenden esclarecer el camino del honor.

En Occidente, durante los últimos veinte años, los homosexuales se han tomado a pecho la palabra de Jesús, y una vez más estamos desorientados respecto a este tema. Si los antiguos maestros ya se mostraban reacios a tratar los aspectos del sexo convencional, guardaron absoluto silencio en lo relativo al no convencional. Un monje Zen japonés, conocido mío, alcanzó el grado de Roshi y, unos meses después, al repasar las sesiones de asesoramiento que sostuvo de manera informal con sus alumnos, monjes y laicos, me hizo el siguiente comentario: «No imaginé que la homosexualidad estuviese tan generalizada; creí que solo era un problema ocasional».

La homosexualidad se convierte en un problema cuando la sociedad y los individuos implicados la consideran como tal. Mi opinión es que, con el apoyo del maestro y la *Sangha*, el miembro individual tiene la oportunidad de alcanzar la madurez personal y la realización a través de la práctica del Zen, sea hetero u homosexual. La naturaleza búdica no es una u otra, y es las dos.

De hecho, la naturaleza búdica es la esencia y cualidad de la energía, que incluye la energía sexual humana.

Bodhidharma dijo:

> «La naturaleza propia es sutil y misteriosa. En el dominio del *Dharma* sin lustre, llamamos Precepto de no hacer mal uso del sexo a la no creación de una apariencia de apego».

Por supuesto, Bodhidharma era célibe y sus palabras estaban dirigidas a sus seguidores célibes. El celibato es un sendero adecuado para algunos estudiantes Zen en la actualidad pero, célibes o no, todos podemos encontrar orientación en las palabras de Bodhidharma. El desapego a ser tal cual es el Tao de todos los Budas. Sasaki Joshu Roshi ha dicho:

> «Cuando eres absolutamente uno con tu amante, no sabes si haces algo bueno o malo»[6].

O se está apegado o no. Dogen Zenji dijo:

> «Las Tres Ruedas son puras y claras. Cuando no tienes nada que desear, sigues el camino de todos los Budas».

Las Tres Ruedas son el actor, el objeto sobre el cual se actúa, y la acción. Los amantes comprometidos y su acto de amor son intrínsecamente puros y claros. No existe consecución alguna. También un individuo célibe, al alcanzar la realización absoluta, descubre que la naturaleza búdica penetra en todo el universo. Bodhidharma y Dogen Zenji iluminan nuestro camino, y si se dice poco acerca del sexo de manera directa en el resto de las enseñanzas del budismo Zen, nuestro camino no deja de ser claro por ello. El universo mismo nos guía con la pureza de su vacuidad y con la íntima interreflexión de sus seres.

Así, cuando ocurre una atracción sencilla, la nueva relación amorosa puede conducir a una práctica más profunda para la *Sangha*. Una relación difícil también puede ser campo para la práctica.

Empero, la práctica se interrumpe por actos que los miembros de la *Sangha* perciben como sexo grosero. Si hay un lobo entre las ovejas, la práctica se puede acabar en todo el *dojo*, como si alguien hubiese dejado encendido el televisor durante un *sesshin*. ¿Y qué ocurre si el maestro es el lobo? Las palabras de Bodhidharma y Dogen Zenji son simplemente profundas expresiones de la moralidad común. Del maestro Zen y sus principales seguidores depende la creación de un sendero sólido de ejemplo y *zazen* que enlazará la sabiduría de nuestros ancestros con las exigencias de la vida cotidiana.

Me preocupan en particular las graves perturbaciones ocurridas en los centros de budismo Zen norteamericanos en fecha reciente, que han sido consecuencia de aventuras de maestros con sus alumnos. Estos casos reflejan el mal uso del papel del maestro en la *Sangha*, no solo del sexo, sino en términos más generales.

El maestro de la práctica religiosa ocupa un lugar arquetípico en la psique de sus alumnos. Él o ella sigue enseñando en sus sueños. Esto es un factor con el que debemos trabajar en las relaciones maestro-alumno. Por un lado, es importante que el maestro sea responsable de su poder y estimule a los alumnos a utilizar su influencia, así como a expresar sus sentimientos cuando los estudiantes consideran que están siendo utilizados. Por otra parte, es vital que los alumnos eviten las lealtades ciegas. Por ejemplo, en una ocasión desafié a un estudiante acerca de las afirmaciones machistas y antisemíticas emitidas por su maestro. El alumno contestó: «Es cierto; es machista y antisemita, pero es el gurú». Me parece que eso no vale.

La función del maestro es enseñar, al igual que la función de la madre o el padre es ser el progenitor, o la del psicólogo es asesorar. Todos estos papeles establecen respuestas arquetípicas y, en el mejor de los casos, estas reacciones son productivas y positivas. Cuando el maestro en su papel confronta sexualmente a un alumno, viola el arquetipo y el estudiante se queda muy confuso y perturbado. Esta es una ley tan irrevocable como la ley de la gravedad, y probaba en la actualidad con el sufrimiento de serios estudiantes de Zen y sus *Sanghas*.

Respecto a esto, dos estudiantes me hicieron notar que se necesitan dos para crear un conflicto; las mujeres que se embrollan con sus maestros varones tal vez se mostraron seductoras. Es posible, pero la situación también refleja el hecho de que aún no estaban maduras para su práctica, y que se dejaron llevar por su inversión. El maestro es quien puede reconocer la atracción sexual en una situación de *dokusan* y establecer el límite en ese momento. Su papel le fue confiado por todos los Budas que lo han precedido.

Sin embargo, mi crítica es adecuada en la dimensión de la ley superior; uno es responsable de lo que hace. El maestro no solo es responsable de conservar una relación sana con sus alumnos, y estos con sus maestros, sino que todos ellos son responsables de las posibles consecuencias de un contacto sexual. Esto vuelve a llevarme al tema del aborto, un ejemplo que ilustra los lazos que existen entre los Preceptos.

Al hablar del aborto en relación con el acto de matar, empecé el análisis con la mujer embarazada que se encuentra en un dilema. En ese momento se derrama la leche y no hay forma de arrepentirse para impedir el proceso. Pero, ¿qué decir de los momentos previos al derramamiento de la leche? En mi opinión, debemos reconocer que es imposible disociar el sexo de la fertilidad, sin importar los métodos mecánicos que utilicemos para el control de la natalidad. El embarazo no deseado es un doloroso recordatorio de la naturaleza biológicamente determinada que funciona en nuestros cuerpos; no podemos evitar el *karma*. La prevención del problema del aborto comienza con una actitud responsable ante el sexo en el hogar, incluyendo una explicación clara a los hijos durante su desarrollo de la ética sexual y sus razones.

La ética sexual está unida, de manera irrevocable, a la seguridad sexual. Un marido distinguido se quita el traje de tres piezas; la hermosa esposa se despoja del maquillaje. Cada uno confía en el otro para realizar esta danza íntima y antigua, y ambos, al buscar refugio de esta forma, alcanzan una liberación totalmente segura.

Sin embargo, la pareja no puede crear por sí misma esta protección. Dante relata cómo Paolo y Francesca se persuadieron de que los ideales del amor verdadero, por sí solos, justificaban su aventura amorosa, y llevaron con ellos esta convicción hasta el infierno. El verdadero compañerismo es la libertad dentro de un compromiso expresado en público, y entre tales expresiones, el matrimonio es la que ofrece el ambiente más seguro. Aun sin matrimonio es posible crear un acuerdo que establezca una relación y actuar en consecuencia. Muchas personas han sufrido al aceptar matrimonios mal aconsejados, o conocen a otros que han resultado lastimados, y por este motivo evitan un compromiso definitivo que tenga fundamentos religiosos y sea difícil de romper. Así forman relaciones a menudo exitosas, pero en las que siempre existe la falta de un compromiso definitivo, lo que puede ser una abertura que facilite la decisión de separarse cuando la relación se vuelva difícil.

El compromiso en una relación es el acuerdo de establecer una práctica conjunta de matrimonio. La pareja llega a un entendimiento mutuo: «No se trata de que acordemos amarnos y respetarnos, aunque esto es una parte importante de la situación, sino que acordamos amar y respetar nuestra práctica matrimonial. Somos dos personas que participan juntas en la creación de una obra de arte».

En el matrimonio, el hombre y la mujer cultivan una armonía con sus enormes diferencias de mentalidad, complementándose, encontrando al otro en el yo y al yo en el otro; el *yin* y *yang* del universo entran en juego en un mismo hogar. Aceptar cualquier aventura sexual implica en cierto grado este dinamismo de hombre y mujer. Si la intención va dirigida al establecimiento de una práctica, entonces el juego puede llevar hasta la liberación. Pero si atrás quedan otros cónyuges e hijos, la aventura se converirá en una fuente de intenso sufrimiento. Y si en ello hay engaño, las vidas de quienes se encuentran implicados quedarán envenenadas y la práctica del Zen, si existe, habrá terminado. Dependiendo del temperamento y las circunstancias, todo ese sufrimiento puede no sanar nunca o constituirse en la piedra de afilar para crear una nueva vida.

La práctica del matrimonio es el cultivo durante toda la vida de la intimidad con un opuesto. Mi padre solía llamar «señora yo» a mi madre; sin tomar en cuenta la insinuación de la superioridad masculina (ella no lo llamaba «señor yo»), podemos percibir que él y su mujer tenían una unión. Tal unión se realiza con mayor profundidad con el paso de los años y, cuando muere una de las partes, la otra sigue con vida al mismo tiempo que conserva la certeza de que los dos no han dejado de ser uno.

Es muy distinto el argumento de que el sexo solo satisface cuando rompe los patrones establecidos –que el ser humano no es monógamo por naturaleza–. Tal es la opinión de los individuos que cultivan el poder para atraer a los demás, en vez de recurrir al espíritu compasivo para conmoverlos. Nuestra práctica consiste en salvar a todos los seres, y podemos hacer esto en casa solo con lavar los platos o ayudar con las tareas hogareñas, u ofrecer una fiesta cuando los niños ya están en la cama. La danza del sexo, la danza de la vida en todas las circunstancias, requiere olvidar el yo y entregarse al baile. La relación sexual es el núcleo danzante de nuestro hogar, engendrando todos los seres en el clímax; esto produce descanso y renovación.

Cuando soñamos despiertos con el sexo revelamos ante nuestra mirada la vanidad de la satisfacción como meta. ¿Cuánto tiempo no hemos desperdiciado en brazos de un amante, quizá un verdadero amante del pasado, tal vez un amante que jamás lo fue, mientras estamos sentados en nuestros cojines, con la espalda un poco encorvada en la cintura, los párpados entornados, inmóviles como un Buda de piedra, en una imitación del *zazen*? ¿Cuánto tiempo hemos perdido como residentes de un Zendo retozando en juegos sexuales?

Las Tres Ruedas son puras, ¿puedes entender esto? Como dijo el Buda, no podemos atestiguar tales hechos debido a nuestras engañosas ilusiones y apegos. Ya es tiempo de ver el interior de la fuente, atravesando esas nubes vacías de una vez por todas. En la fuente no existe el mal uso del sexo, ni la necesidad de demostrar algo; no hay ningún egocentrismo grosero.

CAPÍTULO 5

El Cuarto Precepto
No mentir

Los ideogramas chinos *wang-yü* (en japonés: *Mogo*) aparecen combinados con el título del Cuarto Precepto, y es difícil encontrarlos en otras partes. Su significado etimológico es: «palabras descuidadas o negligentes». Los diccionarios budista y secular, basados en las raíces del vocablo, ofrecen la traducción: «una mentira, una mentira deliberada, afirmaciones descabelladas, decir una mentira». Nakagawa Soen Roshi solía parafrasear a Dogen Zenji diciendo: «No usen palabras sin raíz»[1].

De esta manera nos advierten que seamos fieles a la esencia, y no tanto que lo seamos a los demás. El producto de esta lealtad es que *somos* fieles a los demás con la inspiración de la naturaleza búdica.

Cuando entendemos lo anterior, las diversas virtudes sociales y psicológicas de hablar con la verdad quedan iluminadas. El autoengaño, el engaño a los demás, hacer trampa, propagar las habladurías y el descuido en el lenguaje, son actos desleales a nuestra paz más profunda. Las palabras que expresan dicha paz son ciertas. El silencio que expresa esta paz es cierto.

La paz del vacío inmenso e insondable, lleno de posibilidades, queda expuesta con claridad en las palabras de nuestro antecesor. Bodhidharma dijo:

> «La naturaleza propia es sutil y misteriosa. En el dominio del *Dharma* inexplicable llamamos 'Precepto de no mentir' a no predicar una sola palabra».

La frase «no predicar una sola palabra» puede interpretarse mal, pero el propio Buda hizo girar la rueda del *Dharma* en absoluto silencio cuando un filósofo le dijo: «No pido palabras; no pido no palabras». El Buda permaneció simplemente sentado y las engañosas ilusiones del filósofo se disiparon como nubes por un viento intenso[2].

En la cultura occidental tenemos una larga tradición del silencio como presentación de la verdad, empezando por Jesús permaneciendo en pie frente a Pilatos, y continuando hasta hoy en día en las cortes civiles de los Estados Unidos, donde permanecer en silencio es una opción que puede adoptar el acusado cuando le preguntan: «¿Se declara culpable o inocente?» El Cheng-tao dice:

«Habla en el silencio;
en el habla se escucha su silencio».[3]

Cuando no podemos oír el silencio en las palabras de los demás, sabemos que algo está mal. Pero no es fácil ver el error en nosotros mismos. Hamlet pretendió tender una trampa a la conciencia de la reina, quien, al verse proyectada en escena comentó: «Me parece que esta mujer protesta demasiado». (*«The lady doth protest too much, methinks»*[4]) sin darse cuenta de que la obra se refería a ella. De la misma manera la mayoría de nosotros necesitamos un fuerte recordatorio, de una u otra forma.

Pero la verdad está ahí, incluso en una cháchara sin sentido. Solía maravillarme como mis viejos maestros asentían y sonreían satisfechos mientras sus estudiantes parloteaban sin parar.

Dogen *Zenji* dijo:

«La rueda del *Dharma* gira desde el principio. No hay exceso ni carencia. Todo el universo está humedecido con néctar y la verdad está lista para su cosecha».

La verdad no solo está ahí ya, sino que, además, es totalmente deliciosa y se encuentra lista para ser aceptada. El hecho dice: «Tómame». Fengxue (Fuketsu) presentó ese hecho a un monje que también estaba preocupado por la palabra y la no palabra:

«El habla es una cuestión de sujeto y objeto; el silencio es una cuestión de sujeto y objeto. ¿Cómo puedo liberarme del sujeto y el objeto?»

Fengxue (Fuketsu) repuso:

«En marzo siempre pienso en Jiangnan (Konan). Las perdices gorjean entre las fragantes flores».[5]

Fengxue (Fuketsu) y el Buda recurrían a medios compasivos y rápidos para presentar la verdad de una forma incisiva. En otros momentos de sus vidas sus palabras y sus actos eran verdaderos pero estaban dirigidos a objetivos muy comunes, como pedir agua o aceptar un obsequio. Nuestras propias vidas están llenas de propósitos comunes y también de crisis. ¿Cómo podemos expresar la verdad al enfrentarlos?

Un médico se pregunta a menudo si debe o no comunicar a un paciente que una enfermedad es mortal. Recuerdo haber hablado con alguien de Japón que me daba noticias de nuestros amigos allí. Mencionó a una persona que los dos conocíamos bien y dijo que se había sometido a una operación para curar el cáncer.

«Por supuesto no lo sabe», agregó mi amigo. «Cree que se trata solo de una úlcera». Esto refleja la interpretación cultural japonesa del Cuarto Precepto. Allí impera la opinión generalizada de que no es compasivo decir a alguien enfermo la dura verdad sobre su enfermedad terminal. En nuestra cultura empezamos a considerar que es muy importante comunicar los hechos objetivos a los enfermos y ayudarlos a reconciliarse con la verdad. A partir de las investigaciones sociales sabemos que ellos en realidad lo saben de todas formas y empezamos a considerar que no deberíamos favorecer los falsos juegos en el momento mismo en el que los enfermos y sus familias pueden alcanzar las dimensiones más profundas de su relación.

¿Qué clase de *karma* crea para el moribundo un engaño sobre su enfermedad mortal? No lo sé, pero presiento que es terrible. Quizá es así como nacen los fantasmas. Y si los miembros de la familia son sensibles, su efecto será sentido como un trabajo inconcluso que no puede terminarse.

También generamos fantasmas en circunstancias normales al dejar inconclusas las comunicaciones, al transmitir impresiones erróneas, al no compartir. La *Red de Indra* me inspira para considerar al universo como un enorme taller de comunicaciones, en el cual vosotros y yo practicamos la expresión de la verdad compasiva con todos los seres y favorecemos esta práctica en otros hacia nosotros.

«No mentir» tiene su aplicación en la vida correcta y el estilo de vida correcto, y puede implicar un activismo social correcto. No solo no debo trabajar para una agencia de publicidad corriente, sino que tampoco debo asimilar las mentiras publicitarias. No mentir implica no ser cómplice de las mentiras. Uno de mis estudiantes me escribió: «Uno de los motivos más importantes para no inscribirme en el servicio militar y luego oponerme a él en público fue mi deseo de desafiar las mentiras del poder».

Aun así, en nuestra mentirosa sociedad hay huecos para los que buscan la verdad. Existe el «negocio honesto»; incluso hay agencias de publicidad fuera de lo común. Dependiendo de la personalidad y de otros factores (que incluyen la responsabilidad de proporcionar alimento a una familia), podemos elegir entre quedarnos en el autobús colectivo y tratar de influir en su dirección, o bajarnos del mismo y caminar. La subsistencia no es solo un mandato literal, sino también una cuestión de responder con sabiduría a las circunstancias.

Esta sabiduría surge de la honestidad innata. La ética es el sentido común; el sentido que todos tenemos en común. Cuando un padre declara que un niño de seis años solo tiene cinco para así evitar pagar un suplemento, el niño aprende falta de honradez. Si el padre reconoce la edad correcta del niño y paga el suplemento, entonces la honestidad inherente al niño se confirma. «Tengo seis años», esa es la verdad.

En Japón se exhorta al estudiante Zen a ser «sincero» (*sincere*). Yo prefiero el término «honesto» (*honest*). Aunque tu trabajo sea centrarte en *Mu*, muchos pensamientos tentadores esperan entre bastidores. En un solo momento de descuido salen a borbotones. Sé honesto y permanece atento. Sigue en contacto con tu honestidad innata y tu *zazen* será la base de una vida honrada.

La honestidad también es creativa. La manera y el contenido, los dos criterios de una adecuada respuesta en el cuarto del *dokusan*, provienen de la integridad. Respecto a la manera, podemos decir que algo que nos sorprende en los diálogos Zen chinos, aun en sus traducciones, es la viveza del lenguaje. Afirmamos que sus palabras son poesía, pero, ¿qué es la poesía, e incluso la prosa, sino fidelidad al lenguaje? Un lenguaje descuidado es una forma de deslealtad a la Humanidad, una forma de mentir. El talento para el lenguaje es una de las pocas cualidades que diferencian al hombre del resto de los animales, pero a menudo esa facultad es oscurecida por la disciplina abstracta de algunas clases de educación, y podemos observar que algunas personas, relativamente iletradas, se encuentran en contacto más estrecho con el lenguaje (y, por tanto, consigo mismos) que los profesores de filosofía. Recuerdo haber hablado sobre los caminos del este de Oregón con un leñador, que se quejaba de que debía cambiar los neumáticos de su vehículo con más frecuencia debido a que su hijo tenía novia. «De veras –dijo– el baile afecta mucho a los neumáticos». Al estar en contacto con uno mismo, hablamos con fidelidad.

El contenido de la respuesta es tan revelador como el estilo. La gran verdad no puede ocultarse debido a que es más profunda que la cultura, trasciende a la conveniencia y va más allá de la moralidad.

Al finalizar el periodo de entrenamiento de verano, Ts'ui-yen dijo a su asamblea: «Durante todo el verano he predicado para vosotros, hermanos. Miren con detenimiento, ¿todavía tengo cejas?»[6]

Se dice que cuando un maestro Zen predica un *Dharma* falso (la peor mentira posible) pierde las cejas; mas Ts'ui-yen lo revela todo, hasta el fondo mismo. Yuanwu (Engo) dice que de todos los maestros de la antigüedad, Ts'ui-yen fue uno de los más grandes.

Muchas personas interpretan mal y dicen: «Bajo el sol brillante en el cielo azul, Ts'ui-yen dijo palabras sin sentido que produjeron inquietud donde no la había; al final del verano, habló de sus fallos y los analizó a solas primero para evitar que otros lo criticaran». Por fortuna, esto no tiene que ver con la realidad. Tales opiniones suelen denominarse «exterminadoras de la raza búdica[7]».

«Observen cómo habla él», tal es el desafío de Yuanwu (Engo). «¿Cuál es el verdadero significado?» No se dejen engañar; no existe «significado» alguno. No hay una espada oculta en las palabras de Ts'ui-yen. La verdad está lista para su cosecha. La interpretación, disfrazada de significado, se interpone con frecuencia en el camino de la verdad.

Recuerdo haberme sobresaltado ante las palabras de Charles Manson y sus seguidores durante sus juicios por asesinato. Al parecer, para ellos el acto de matar era la forma de comprobar la verdad de la unidad. Parecían decir que el asesinato era similar al amor. La verdad está lista para su cosecha, pero debemos estar preparados para cosechar. La naturaleza de la unidad es el vacío, lleno de posibilidades únicas. La interpretación de la unidad, solo en la dimensión de las posibilidades, es decir, la dimensión de los fenómenos, condujo a una terrible tragedia.

El caso Manson es un ejemplo de perversidad metafísica, pero las mentiras corrientes provocan desorganización y sufrimiento en familias, comunidades, naciones y en el mundo entero. Los Tres Venenos de la motivación egoísta destruyen nuestra consciencia de la interrelación de todos los seres y originan respuestas venenosas por doquier.

Por otra parte, la práctica de la verdad es el ejercicio en la organización comunitaria. Hace varios años experimentamos con terapia Gestalt en el *Zendo* de Maui, configurándonos como un grupo, una vez a la semana y durante tres horas, bajo la dirección de un hábil supervisor. Fue difícil cambiar el enfoque de *Mu* hacia la representación de nuestros sueños y recuerdos infantiles y luego volver de nuevo a *Mu*, pero la experiencia fue valiosa debido a que ese verano de terapia de grupo sirvió para establecer los fundamentos de las reuniones para compartir que desde entonces hemos celebrado en el centro de la *Diamond Sangha*; los experimentos de la *Sangha* con la verdad.

Tenemos reuniones periódicas; en ocasiones, solo participamos los miembros del centro y otras veces la *Sangha* entera. Compartimos nuestros pensamientos y opiniones sobre un tema en particular, contando siempre con un guía que impida que hablemos en desorden o proyectemos ideas muy abstractas. Durante nuestra reunión sobre el aborto, las mujeres se sintieron en libertad para compartir sus experiencias más íntimas, así como sus sentimientos y pensamientos al respecto. Varias de ellas encontraron al fin la liberación de su dolor, y los hombres, incluyéndome a mí, aprendimos mucho más de lo que es ser mujer. Como varones y mujeres reunidos en estas sesiones aprendemos a tener mayor intimidad con nosotros mismos y los demás al practicar la verdad.

La verdad, como el sexo, requiere de un ambiente seguro. Si hablo con el corazón quiero sentir que los demás me escuchan. La verdad está lista para su cosecha, pero no podremos escucharla si «yo estoy aquí y vosotros allá». Tenemos tan mala costumbre de no escuchar con atención y no decir la verdad, que un psicólogo conocido mío ha desarrollado talleres de trabajo para enseñar a prestar atención a lo que la gente nos dice y a hablar con claridad y honestidad.

El riesgo que corremos al compartir es que esto se convierte en una «descarga»: al final me siento mejor por desechar los venenos que tengo en la mente, aunque los demás se encuentren mucho peor. Eso no es comunicación sino proyección. Se refuerza la hostilidad y los venenos se intensifican. Empero, cuando la familia o la *Sangha* cultivan la verdad, la descarga se transforma en un acto no egoísta de abrir el corazón y así se realiza la *Red de Indra*.

La práctica psicológica de la apertura a otras personas va de la mano con la práctica Zen de abrirse a todos los seres: a las palomas posadas en el aguacatero, a las piedras del jardín, al sol, la luna y las estrellas. Esto no es más que *daigo*, la gran iluminación, «la actividad cotidiana de los Budas en la cual nunca piensan»[9]. No se dejen llevar por sus palabras bonitas. Yo también debo cuidarme de esto.

El Cuarto Precepto, como todos los demás, encuentra refugio en el *zazen*, en el vacío inmenso e insondable. También lo halla en las conferencias familiares, en las reuniones de negocios y al lidiar en privado con las limitaciones personales. La verdad, cuando se expresa con amor, es el tesoro de la *Sangha* rociado con néctar.

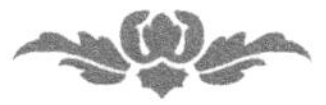

CAPÍTULO 6

El Quinto Precepto
No dar o tomar drogas

Sakyamuni Buda dijo:

> «Ahora, cuando veo a todos los seres por todas partes, observo que cada uno posee la sabiduría y virtud del *Tathagata*, pero debido a sus apegos y engaños, no pueden dar testimonio de ese hecho».[1]

Tathagata es otro nombre para el Buda; significa, literalmente, «el que así viene». Es el que emerge puro de la naturaleza esencial, como naturaleza esencial.

Todos los Preceptos repiten las palabras de Buda. Podríamos decir en este caso que todos los seres del universo están despejados desde el principio, pero la bruma que crea el uso del alcohol y las drogas evita que se percaten de ello.

Existen muchas formas de nublar la mente, y este Precepto las engloba a todas. La obediencia absoluta implica no beber alcohol o fumar hierbas. Opino que podemos pasar por el mundo con elegancia sin tener que tomar una copa en reuniones sociales o fumar marihuana cuando hagan circular el cigarrillo. En mi caso, me limito a explicar que no me agradan las sensaciones que me producen cuando tengo que ofrecer alguna explicación. De hecho, si voy a practicar *zazen* un rato, incluso medio vaso de cerveza afecta adversamente a mi ejercicio. También tiene repercusiones negativas en mi juicio en cualquier situación ajena a mi cojín, y no tendré entonces la claridad mental que necesito.

La persona que se intoxica por costumbre está dañando su cuerpo, y el cuerpo no es otra cosa que el *dojo* del Buda. Se requiere mucho tiempo para eliminar los residuos de todo ese veneno. Además, el uso frecuente de la marihuana (o de drogas más potentes) establece un patrón que evita los sitios emocionales bajos de la vida. Este es un sendero equivocado porque, a la larga, el uso de drogas nos hace caer en lugares más bajos aún. La mejor terapia es la práctica del conocimiento de nuestros sentimientos y entablar amistad con ellos. De esta manera podremos percibirlos como verdaderamente transparentes.

La venta de alcohol o drogas es también una cuestión de práctica personal, pero no podemos ser «intachables». Nuestra sociedad está fundamentada en los Tres Venenos de la codicia, el odio y la ignorancia. Tal vez la venta de alcohol o drogas no sea peor que la venta de coches, que destruyen muchas vidas, crean la necesidad de autopistas y refuerzan la manía del petróleo. Vender heroína mezclada con veneno para ratas en una esquina no puede considerarse una vida correcta, pero es equivalente a fumigar con insecticidas cancerígenos los campos latinoamericanos.

Estamos atrapados en este sistema adquisitivo y cruel. El triciclo que monta nuestro hijo pudo ser fabricado por las destilerías de Seagram's, o algo peor. Cuando reconocemos que somos miembros de la gran empresa mundial, podemos «decir la verdad al poder» desde el Consejo de Administración.

En la actualidad, la venta de marihuana y otras drogas está prohibida en los Estados Unidos y la mayoría de los países. Esto añade una nueva dimensión al Precepto, pues el tráfico de drogas pone al individuo en un estado mental *paranoide*. La paranoia es la expresión última de la locura, pero también es una expresión perversa de la verdad, pues no estamos separados de los demás. La paz que buscamos en nuestra práctica Zen será engañosa si siempre estamos a la caza de informadores, desconfiando incluso de nuestras hermanas y hermanos.

Si nos mostramos indiferentes a las leyes contra la marihuana, quizá esto refleje una actitud indiferente hacia las leyes seculares en general; por ejemplo, las que tienen relación con los pasos de peatones o las licencias urbanísticas. Si es injusta la ley de un país, como sucede en las naciones represivas, el que busca la verdad se hace oír o se oculta para hablar otro día. Pero aun en una sociedad relativamente iluminada, un estatuto particular puede violar la ley que conocemos en lo más recóndito del corazón. Así, nuestra responsabilidad es decir que está mal, y tal vez incluso violarla de manera abierta como una forma de educación pública; o evitar por completo las circunstancias. La práctica no se limita a los cojines del *dojo*.

La vida correcta y la forma de vida correcta son la práctica correcta, y enseñamos sin darnos cuenta. En su poema añadido al Caso 37 del Wumen Guan (Mumonkan), *Roble en el jardín* de Zhaozhou (Joshu), Wumen (Mumon) escribió: «Las palabras no expresan el hecho».

> Un monje preguntó a Zhaozhou (Joshu): «¿Cuál es la razón de que el Bodhidharma viniera del oeste?»
>
> Zhaozhou (Joshu) repuso: «Roble en el jardín».[2]

Zhaozhou (Joshu) no dijo: «Roble en el jardín» con el propósito de iluminar al monje que lo interrogaba; pero lo consiguió, o al menos eso suponemos. De la misma forma, si mi cortés rechazo de una bebida no es más que eso, y no tiene la intención de influir en los demás, de cualquier forma esto será inevitable, sea o no un maestro. Lo mismo se aplica a la vida correcta; el objeto es la práctica personal, pero hay otros que resultarán afectados de manera inevitable.

Esto no significa que sea imposible aprender de un borracho. Podemos hacerlo, y no solo observando el ejemplo negativo. Un maestro Zen que bebe en exceso o se droga con hierbas puede aún ser maestro. Pero sus alumnos se encuentran en una situación embarazosa al reconocer la aparente violación a los Preceptos por parte de su maestro, al mismo tiempo que aceptan su orientación en otros aspectos de la práctica. Me han hablado de cierto maestro budista que asegura que sus grandes vicios son una importante enseñanza del no apego, aun a los Preceptos. Esta es una deformación ética que podría utilizarse para justificar todo el espectro de la conducta criminal.

Hubo importantes figuras budistas que disfrutaron del vino. Pensemos en Ikkyu Zenji, el monje Ryokan y, en nuestra época, en Yamamoto Gempo Roshi. En el caso de Ikkyu, este fue el menos escrupuloso de todos en el seguimiento de los Preceptos, y tal imperfección debe sopesarse con sus admirables cualidades y logros.

Cuando conocí a Gempo Roshi, él tenía casi ochenta y cinco años. Era invierno y se encontraba sentado y arropado para protegerse del intenso frío que lo afectaba en su vejez, bebiendo sake y comiendo *mochi* tostado. De él emanaba calor y amor, y fue un gran maestro para un joven occidental agobiado por sus inquietudes ascéticas.

En el Salmo 104, David agradece al Señor su regalo del vino, «que alegra el corazón del hombre»; y el uso del vino en representación de la sangre del Redentor en la ceremonia cristiana le confiere un papel central en la fe católica. También debemos tomar en cuenta las propiedades medicinales del alcohol y la marihuana, así como su valor social. Aunque el licor y la marihuana afectan el juicio, también sirven para que las personas se sobrepongan a su aislamiento de los demás. Como maestro Zen, me doy cuenta de que las drogas han abierto las puertas a las posibilidades religiosas a muchos.

Toda esta ambigüedad hace que nos debamos remontar a los fundamentos de este Precepto.

Bodhidharma dijo:

> «La naturaleza propia es sutil y misteriosa. En el dominio del *Dharma* intrínsecamente puro, llamamos Precepto de no dar o tomar drogas a no crear ilusiones engañosas».

Como siempre, Bodhidharma se apega a la rigidez del absoluto incondicional. Por supuesto, con esto no afirmo que insista en una postura moral literal, sino que señala hacia la naturaleza esencial. ¿Por qué no atestiguamos tal naturaleza? No se trata solo de beber, usar drogas, fumar tabaco, tomar café, ver la televisión o lo que sea. ¿Qué sucede en nuestra mente? ¿Somos nosotros quienes proporcionamos nuestros barbitúricos? Todos lo hacemos y así todos violamos este Precepto.

Este Precepto habla en realidad de los Tres Venenos, de las ilusiones egoístas que nublan y oscurecen la mente en nuestro mundo de la práctica Zen, y en la aplicación de la realización en la vida cotidiana. Al ser víctimas de nuestra separación de los demás bebemos para acabar con las inhibiciones. Pero cuando habitamos en el sitio donde cada día es realmente un día bueno, un poco de vino, el tordo chino o el encuentro con un viejo amigo que viene de lejos, pueden alegrar nuestros corazones.

Dogen Zenji dijo:

> «Las drogas no han entrado aún. No permitan su invasión. Esta es la gran luz».

Esto me recuerda las advertencias de nuestro maestro Katsuki Sekida respecto al *zazen*. En ocasiones nos instaba durante todo el periodo de meditación diciendo: «¡No permitan su invasión!», o palabras similares.

> Cuando Zhaozhou (Joshu) estaba barriendo el patio, un monje preguntó: «¿Cómo es posible que una partícula de polvo entre en este terreno sagrado?
> Zhaozhou (Joshu) repuso: «¡Aquí viene otra!»[3]

Zhaozhou (Joshu) y Dogen no afirman que la ausencia de pensamientos sea de inmediato la gran luz. Lo más probable es que una mente en blanco esté bastante opaca. Empero, esta opacidad, en la práctica del *zazen*, es la condición temporal del «apegamiento», término utilizado por Robert Pirsig. No es una condición de separación, y si alargamos la mano desde ella, solo encontraremos oscuridad.

Yunmen (Unmon) dijo a su asamblea:

> «Cada uno de vosotros tiene una luz propia. Si queréis verla, no podréis. La oscuridad es oscura, oscura. Ahora, ¿qué es vuestra luz?»
> Respondiendo por quienes lo escuchaban, agregó: «¡El almacén! ¡La puerta!»[4]

La luz representa las diez mil cosas que avanzan y confirman el yo: el tordo chino, la puerta, un sorbo de vino. ¿De qué otra forma podemos obtener placer aquí?

Nuestros canales del pensamiento habitual son profundos, y los lazos de asociación son tensos y casi inevitables. Cuando llama la salamanquesa, ¿piensan en la salamanquesa? ¿Piensan en las salamanquesas que tienen en casa? ¡Aquí llega otra llamada! Las chispas para encender la vela del *Dharma* se apagan una tras otra. ¡El almacén, la puerta!

O sea, las cosas del mundo no son drogas en sí mismas. Se convierten en drogas por el uso que les damos. Dirigimos todos los fenómenos para justificarnos y eso, como dijo Dogen *Zenji*, es un engaño[5]. Pero estas hermosas palabras no solucionan el problema. ¿Cómo podemos evitar el egocentrismo? ¿Cómo impedir que *ellas* invadan? Shakun Soen Zenji dijo:

> «Cuando vayas a dormir, duerme como si entrases en tu último sueño. Cuando despiertes, deja de inmediato la cama, como si desecharas un par de zapatos viejos»[6].

En los momentos previos al sueño, y después de despertar, antes de levantarse, el individuo se encuentra indefenso ante las drogas de la mente (el cerebro tiene y produce drogas químicas en pequeñas cantidades). Al mismo tiempo, el momento entre el sueño y el despertar, o entre la vigilia y el sueño, puede ser el *nen* de la iluminación, según han descubierto algunos miembros de nuestra *Sangha*.

¿Cuál es la mejor manera de entrar en el último sueño? Sin duda, hacerlo con la mente vacía: la mente de la paz infinita. Mi método predilecto para dormir es respirar *Mu*; al principio solo respiro *Mu*, inhalo y exhalo, me tranquilizo. Al final entro en el silencio de *Mu* y los compañeros de mis sueños se reúnen. Al parecer, de alguna forma practico *Mu* con ellos.

¿Cuál es la mejor manera de despertar? ¿Acaso *Mu* es tu primer pensamiento? Trata de que, por lo menos, sea el segundo, y muy pronto se volverá el primero. En tus cojines, cada aliento es dormir, cada aliento es despertar. Con cada exhalación, deja atrás todo, excepto tu práctica. En la vida cotidiana, tu práctica será la tarea que debas realizar y tu movimiento de una cosa a otra, incluyendo, por supuesto, el recreo y el reposo. Pero, dondequiera que te encuentres, recuerda que los pensamientos egocéntricos aguardan para asaltarte. Reconócelos con un saludo, pero no permitas que te dominen. Esta es la iluminación de todos los Budas, el Precepto de no tomar alcohol o drogas.

CAPÍTULO 7

El Sexto Precepto
No hablar de las faltas de los demás

Si no pasas la barrera de los maestros fundadores, si no interrumpes el camino de la mente, entonces eres como un fantasma, aferrado a arbustos y hierbas.

WUMEN GUAN (MUMONKAN), CASO 1[1]

Este pasaje resulta conocido a los estudiantes de Zen. En la *Diamond Sangha* lo escuchan en cada *sesshin*. La barrera es el *koan Mu*, y el camino de la mente es el flujo interminable de palabras e imágenes que tenemos en la cabeza.

Interrumpir el camino de la mente implica experimentar el silencio total, de tal manera que las circunstancias puedan percibirse con claridad y asimilarse limpiamente, siendo cada una de ellas fresca y nueva. La no interrupción del camino significa perpetuar la proyección de nuestras imágenes confusas en el mundo y aferrarnos a ellas.

El *teisho* de Wumen (Mumon), en el Caso 1 de su Wumen Guan (Mumonkan), trata en esencia del paso de la barrera. El Sexto Precepto subraya la interrupción del camino de la mente. Estas dos lecciones son mutuamente esclarecedoras. La mente realizada se encuentra en paz y trata las cosas tal como son; el fantasma de la mente es ruidoso y trata con sus propias creaciones. Bodhidharma dijo:

> «La naturaleza propia es sutil y misteriosa. En el dominio del *Dharma* impecable, llamamos Precepto de no hablar de las faltas de los demás a no ahondar en el error».

Estas palabras pueden parecer una negación del mundo cotidiano, en el que algunas personas son débiles y otras irritables. Sin embargo, el *Dharma* y la vida cotidiana son lo mismo. Una persona es, de hecho, fuerte; otra, de hecho, es débil. Una persona es serena; otra irritable. El camino del Sexto Precepto es el de Jesús, cuando dijo: «No juzguéis, para no ser juzgados»[2]. Desde el punto de vista de Bodhidharma, esto podría interpretarse como: «Cuando juzgáis, os ponéis en la dimensión del bien y del mal». O, como escribiera Wumen (Mumon): «Si discutís sobre el bien y el mal, quien lo hace es una persona de bien y mal»[3].

La mente que no es relativa se encuentra en silencio. Con una mente de veras silenciosa el yo está olvidado, y la multitud de cosas es nuestra naturaleza esencial. Esto no es una condición de relativa tranquilidad, sino la paz que está más allá de todo entendimiento. Olvidar el yo no es una cuestión de desembarazarse del yo; de hecho, la realización es una cuestión de percibirnos con más claridad. ¿Qué vemos? Como dice el *Bodhisattva Avalokitesvara* cuando recitamos el *Sutra del Corazón*: «Todas las cosas que nos unen, están vacías[4]». No hay nada a qué aferrarse, y por ello, estáis libres de prestar atención a lo que sucede en el mundo efímero.

Este mundo está conformado de elementos relativos: alto y bajo, claro y oscuro, ruido y silencio. El Sexto Precepto nos enseña cómo podemos encontrar la intimidad con este mundo efímero. La mente silenciosa intuye de una manera directa y verdadera: «Esa mujer tiene un temperamento terrible», o «ese hombre no tiene consideración con sus amigos». Estas percepciones pueden experimentarse como información básica, libre de todo juicio moral y en la línea de: «Su cabello es castaño», o «tiene los pies grandes». Por otra parte, la búsqueda de faltas y discutir sobre los defectos de otros son actos de rechazo. La diferencia radica en la actitud de cada uno de nosotros.

Dogen Zenji dijo:

> «En el *Dharma* búdico hay un sendero, un *Dharma*, una realización, una práctica. No permitan la búsqueda de faltas. No permitan la charla descuidada».

En tanto que Bodhidharma apunta a la esencia, Dogen Zenji nos muestra el camino de la práctica. Vuelve a insistir en que debemos tener decisión, ¡rechazarlo todo, excepto el Tao del Buda! Entre las cosas que debemos rechazar están la búsqueda de faltas y la charla descuidada.

La trama de la *Sangha* es tan frágil como la intención de cada miembro individual. Una persona puede crear el caos en el grupo con sus habladurías maliciosas. En japonés original, la palabra que Yamada Roshi y yo tradujimos como «descuidada» también significa «que puede causar alteración, negligencia, desmoralización».

Sugiero que todos seamos cuidadosos en el seguimiento de la advertencia de Dogen Zenji. La mayoría respondemos de manera inmadura a los demás, y nos aferramos a los arbustos y hierbajos que hemos creado. Decimos: «Es un mujeriego, ella es holgazana; esa otra persona es indiferente», y respondemos a los individuos basados en esta apreciación. Desconfiamos del mujeriego, evitamos encargar una tarea importante a la persona holgazana, y volvemos nuestro resentimiento e indiferencia contra la persona retraída.

En el Movimiento Sarvodaya de autorrealización de aldeas en Sri Lanka, se invita a los participantes a practicar el «lenguaje de compartir», el *priyavachana* (lenguaje agradable o amable) como uno de los principios de conducta social. Los individuos de todos los rangos y antecedentes sociales reciben el título de «hermana mayor», «hermano menor», «madre» y demás. *Priyavachana* también tiene la acepción de que los sarvodayanos «hablan entre sí de modo que se brindan apoyo mutuo, evitando... las habladurías maliciosas»[5]. Esta práctica tiene su fundamento en la antigua doctrina budista del «Habla Correcto» y es el camino de cualquier religión que se respete. Es una cuestión de contener el parloteo interior y practicar la compasión.

En la *Sangha* hay muchas cosas que deben corregirse e incluso reorganizarse. Pero estas correcciones pueden realizarse sin encontrar faltas y sin ser indiferentes y destructivos. Cuando escucho que las personas de nuestra *Sangha* condenan a uno de sus compañeros, reconozco mis propias faltas, mi insuficiencia como maestro, pues los estudiantes no han tocado aún el sitio donde no hay faltas y, en el caso que planteo, tampoco practican para alcanzar este lugar. Reconozco entonces que nuestro *dojo* no es tal. ¡Recordemos nuestro objetivo!

Esto no es sencillo. Al igual que practicamos *Mu* cuando aún no está claro, debemos practicar la intimidad cuando no la sentimos. Al igual que volvemos una y otra vez a *Mu* después de dejarnos envolver por los recuerdos y planes, también debemos recuperar la intimidad al enfrascarnos en la discusión de las faltas de otros. ¿Cómo volver? Como sucede en el *zazen*, es cuestión de práctica. Si observamos, o alguien nos llama la atención por nuestra indiferencia y alejamiento, ya sea de manera directa o indirecta, tenemos que adoptar las medidas necesarias para restaurar nuestra intimidad.

Recuerdo un caso particular de alejamiento por parte de toda la *Sangha* en el *Zendo* de Maui. Uno de nuestros miembros, en opinión de todos era un mujeriego; le apodaban «el amante».

Las mujeres lo evitaban por completo o seguían sus juegos sexuales. Los varones no actuaban mucho mejor, pues parecían dominados por su actitud respecto a la reputación de este hombre. Ninguno de nosotros pudo mirarlo a los ojos y tratar con él como una persona.

Un «problema» semejante no es exclusivo de un individuo. Cuando etiquetamos a nuestro hermano como «el amante», entramos en una conspiración para aislarlo. Como grupo nos lavamos las manos en su caso, y nuestro fracaso como *Sangha* ocurrió cuando él abandonó el *Zendo*.

Pero si la *Sangha* puede responder sin apelativos, los resultados suelen ser asombrosos. Uno de nuestros miembros activos del *Zendo* de Maui trabaja actualmente con tesón en un trabajo muy exigente. Los veteranos recuerdan cómo apareció, recién salido de la escuela, sin experiencia laboral alguna y sin deseos de ponerse a trabajar. Cualquier empresa lo habría despedido en una semana. Pero el Zendo no es un negocio y todos pudimos dedicarnos a él. Cuando le encargamos tareas importantes sin proyectar en él ningún concepto de holgazanería, nuestro hermano descubrió que lo tratábamos como a cualquier otro y le entregábamos una responsabilidad equitativa. Apelamos a lo mejor de su naturaleza desde lo mejor de la nuestra y él respondió en ese nivel, en vez de seguir sus anteriores costumbres. Esto no ocurrió en la primera o segunda ocasión, pero hoy es una persona diferente.

De alguna forma pudimos resolver mejor las situaciones de trabajo que las del sexo, pero los dos ejemplos son muy instructivos. La confianza y la intimidad son el *upaya*, el medio adecuado. Cuando se encuentran presentes en nuestro grupo, nos convertimos en el *dojo* del Buda; no encajonamos, sino que incluimos a las personas, los animales, los árboles, las piedras y las nubes en nuestra realización de la naturaleza búdica; el otro no es otro más que yo mismo. En términos *Mahayana*, cuando olvidamos el yo, vemos que el otro me nutre. De hecho, no es posible alcanzar solos la realización de la naturaleza búdica, y no lo será a menos que logremos abrirnos a la necesidad de recibir alimento. Demos una oportunidad al otro. ¿Te parece que esta es una actitud ingenua? Es posible, pero solo observa lo que la sofisticación nos ha ocasionado.

El problema es que quedamos atrapados en las apariencias y perdemos nuestra independencia. Sin embargo, cuando existe confianza podemos prestar atención a la persona innata que se encuentra afuera. Si alguien se muestra distante, tal vez una sonrisa o una pregunta amistosa o quizá solo un respetuoso silencio sean lo más indicado. El interrogante es: ¿quién es el jefe aquí? ¿Nos dejamos arrastrar por las palabras y actos de los demás, o podemos permanecer firmes en nuestro *dojo* de intimidad? Cuando sucede algo, ¿utilizamos esta oportunidad, o dejamos que sea ella la que nos utilice?

Por supuesto, también tenemos un papel como «el otro» y en la ocasión adecuada nuestro acto de dar alimento fortalecerá el *dojo* de un amigo. He aquí a Benjamin Franklin recibiendo alimento:

> «Mi lista de virtudes al principio contenía solo doce; pero un amigo cuáquero tuvo la amabilidad de informarme de que yo, por lo general, era considerado muy orgulloso; que mi orgullo se hacía aparente, con frecuencia, durante una conversación; que yo no me conformaba con tener la razón al discutir cualquier punto, sino que me mostraba altanero y bastante insolente, de lo cual me convenció al mencionar varios ejemplos. Decidí esforzarme para curarme, si podía, de este vicio o locura entre otros, y así añadí *humildad* a mi lista».[6]

De esta forma es posible que otro perciba nuestros defectos y siga siendo claro y compasivo; que perciba incluso los defectos de publicanos y pecadores, de traficantes de heroína, de alcahuetes y fabricantes de armas, sin que perdamos el equilibrio.

En realidad, lo que llamamos «falta» es un punto débil donde puede cambiar la personalidad. Tu capacidad para la terquedad, para la pasividad, o la ira: todos estos son puntos de la personalidad en los que puede aparecer tu talento individual. Tu ira es lo que te permitirá corregir el mal del mundo. Tu terquedad te permitirá realizar *Mu*. Tu pasividad te ayudará a soportar las dificultades del camino. Cuando de verdad percibas tu capacidad de cambio y la forma en que puedes utilizar las cualidades de tu personalidad, entonces te darás cuenta de cómo otros pueden hacer lo mismo.

Apegarse a las antiguas percepciones que tenemos unos de otros, favorece que los miembros de una comunidad permanezcan indiferentes y alejados de los demás, y esto resulta muy evidente en la *Sangha*. En una ocasión participé en una pequeña *Sangha* donde ciertas personas no hablaban con otras, todo debido a incidentes ocurridos hacía veinticinco años. Cuando somos capaces de soltar las viejas percepciones, damos a las personas la oportunidad de cambiar. Cuando nos aferramos a ellas, participamos de la continuación de sus faltas.

Mi maestro, Yasutani Haku'un Roshi, tenía un temperamento vehemente. Ahora, al analizar la historia de su vida, puedo darme cuenta de que la ira quedó plantada en su mente desde los primeros años de su infancia. No hay duda de que sufrió durante su juventud, pero como maestro Zen canalizó muy eficazmente esa pasión. Se sintió traicionado por la jerarquía del Soto Zen, la cual no le ofreció un maestro que le guiara. Después de encontrar a Harada Dai'un Roshi, rompió con la estructura del Soto Zen y fundó su propio sendero del *Dharma*. Jamás dejó de señalar los errores específicos de los sacerdotes contemporáneos, y sus fieras palabras despertaron a muchas personas a ver sus propios errores.

La gente solía preguntarle: «¿No viola usted el Sexto Precepto al hablar así de la jerarquía Soto?» A lo que él respondía: «Debemos corregir las enseñanzas del *Dharma* que sean equivocadas e impensadas... Si no lo hacemos violamos el Precepto»[7].

El Roshi aprovechó su pasión para defender el *Dharma*, diciendo: «Señalo los errores específicos de la manera más adecuada que tengo a mi disposición. Esto es, 'no discutir las faltas de los demás', aunque, de hecho, es cumplir con la intención de todos los Preceptos: aclarar el Tao del Buda».

En ocasiones me resulta necesario y adecuado decir a alguien en privado: «No creo que recibas el mejor entrenamiento en tal o cual lugar, o con tal y cual maestro». Si no hiciera esto, estaría violando el principio de todos los Preceptos. Pero si me preguntan en una reunión abierta qué opino de un cierto Roshi, sin duda ofreceré una respuesta muy vaga y después agregaré: «¿Consiste tu intención en establecer un concepto acerca de la personalidad de otra persona, o encontrar orientación y guía?»

Al igual que Frankenstein, creamos monstruos con las palabras y, aunque nuestras creaciones no tengan una validez fundamental, suelen fijar las imágenes en la mente de los demás, incluyendo las de quienes son sujetos de nuestras habladurías. Aun cuando dispongamos de datos para respaldar nuestros juicios, es muy posible que estemos impidiendo el crecimiento. Con este, la insinceridad se convierte en verdadero amor. Con el crecimiento, la arrogancia se vuelve liderazgo. Pero si las cualidades negativas permanecen fijas en la cabeza de otros, el crecimiento se dificulta.

La diferencia entre una identificación adecuada de las debilidades y la búsqueda de defectos puede observarse en la comparación del trabajo en el *dokusan* y las habladurías tontas. Cuando uno dice: «mi concentración empieza a mejorar», puede que yo diga: «siempre que estés concentrado en *Mu*, existen dos cosas. Sigues separado de *Mu*, deja que *Mu* respire *Mu*». Creo que pueden apreciar la naturaleza específica de esta respuesta. No trato de establecer un concepto fijo de su personalidad.

¿Cuál es el resultado de la identificación adecuada? Después de todo, este es el interrogante que apunta al resultado de todos los Preceptos, la respuesta de las personas a la orientación y guía implícitas en las palabras y actos correctos.

> Muzhou (Bokushu) preguntó a un monje: «¿De dónde vienes?»
>
> El monje gritó.
>
> Muzhou (Bokushu) dijo: «Eso es un grito contra mí».
>
> El monje volvió a gritar.
>
> Muzhou (Bokushu) dijo: «Tres gritos, cuatro gritos, ¿después, qué?»
>
> El monje no contestó nada.
>
> Muzhou (Bokushu) le pegó y dijo: «¡Ladrón farsante!»[8]

Cuando Muzhou (Bokushu) dijo: «Eso es un grito contra mí», pretendía expresar, con cierta ironía: «Tienes un punto a tu favor en este duelo *Dharma*». Pero el monje no se percató del sarcasmo y volvió a repetir su grito. El golpe final y la invectiva representaron el último esfuerzo de Muzhou (Bokushu) de persuadir al monje y fueron un acto tan compasivo como las palabras del amigo de Benjamin Franklin. La diferencia aquí es que estaba en juego la realización de la naturaleza esencial, no solo la consciencia de las debilidades morales.

Cuando en una ocasión las personas respondieron inadecuadamente a Jesús, él repuso: «Verdaderamente os digo que los publicanos y las rameras entrarán en el Reino de Dios antes que vosotros»[9]. ¡Fue una gran reprimenda! Estoy seguro de que algunos de sus oyentes entendieron el mensaje.

La consecuencia de una reprimenda es comunicar el significado de algo, cuando la mente ha madurado y el momento es adecuado, sin importar que la llamada de atención proceda del exterior o se origine en el propio individuo. En un nivel psicológico, una generalización como: «Me siento despreciable» o «las mujeres me resultan amenazadoras», puede representar una verdad liberadora, alcanzada con grandes dificultades interiores. Será una verdad provisional, pues aún existe otro paso que debe darse para alcanzar la confianza en uno mismo y recuperar la autoestima. Pero, hasta que el individuo no reconozca sus debilidades y apegos, será imposible que renuncie a ellos. Así, una forma de cumplir con el Sexto Precepto es ayudar a otro que se encuentre en este camino.

Sin embargo, hay una liberación más profunda que representa mucho más que únicamente encontrar la confianza. Xuedou (Setcho) incluyó un pasaje del *Sutra del Diamante* en su «Colección de la Pared Rocosa de Jaspe» (Acantilado Azul), con la finalidad de aclarar esta liberación más profunda:

> Si los demás te desprecian y estás a punto de caer en el infierno debido al mal *karma* de tu vida anterior, entonces, debido al desprecio de los demás, el mal *karma* de tu vida anterior quedará extinguido.[10]

«¡Ladrón farsante!». Muzhou (Bokushu), al decir esto, no se limita a hacer una descripción precisa de un defecto. Todo desaparece en este punto, y así se cumple el Sexto Precepto.

Capítulo 8

El Séptimo Precepto
No alabarse a sí mismo mientras se maltrata a otros

Como alguien que practica el Tao,
no consideres ignorante al mundo.
Si condenas al mundo,
esa será tu propia condenación.
El *Sutra* de la Estrada[2]

Recuerdo cuando recibí mi primer *koan* de Senzaki Sensei. Salí y miré a los demás pensando en lo especial que yo era. Me parece que fue una actitud bastante inocente, debido a que compadecía un poco a la gente que no tenía un *koan*, pero esto bien pudo convertirse en arrogancia. La arrogancia condena al arrogante, como dice Huineng (Eno), pues anuncia al mundo que no estoy en paz conmigo mismo y, por tanto, debo alabarme y maltratar a los demás.

Todos tenemos a mano varios ejemplos de arrogancia que nos condena. Consideremos la política exterior de los Estados Unidos: resulta evidente que la consecuencia del temor y la actitud defensiva de la nación es el maltrato a otros países y la alabanza del propio. Los estadounidenses dudamos de nuestra valía y nos sentimos indefensos, así que atacamos para evitar que otros lo hagan primero. Por supuesto, los Estados Unidos no son el único país que adopta esta postura; podemos observar la misma política exterior en los actos de otras naciones, así como en pequeños grupos, sin mencionar a los individuos.

Debemos dejar en paz la arrogancia; empecemos con el *zazen* y olvidemos todo lo demás, concentrándonos solo en *Mu* para convertirnos en *Mu*. Después, en la vida cotidiana, centremos la atencion en la tarea de la *Sangha* y olvidemos todo lo demás.

Cuando tu hijo derrama la leche, tenemos varias alternativas de respuesta. El *karma* de esta situación incluye muchos factores de naturaleza inevitable así que no podemos exponer en abstracto la mejor reacción posible. Tal vez una sea la corrección directa. Puede ser simplemente: «Oh, limpiemos eso». El punto clave es que, si la mente está en paz, estaremos libres para ser padres sabios, hablar y actuar en consecuencia con el Tao, y enseñar el Tao con la palabra y los actos.

Pero cuando la mente no está sosegada, nos falta firmeza y buscamos defensas. Es la otra persona la que no es buena y decimos: «Siempre derramas la leche», en tanto que uno se encuentra más allá de todo error; nos convertimos en padres infalibles. Huineng (Eno) dice:

> «Incluso con un cuerpo firme podemos engañarnos y hablar de las malas cualidades de otros tan pronto como abrimos la boca, y así actuamos en oposición al Tao».[2]

No interpretemos mal. Huineng (Eno) utiliza un lenguaje fuerte, pero la oposición a la realización de los demás y la propia no es una especie de pecado original. Se trata más bien de un oscurecimiento del hecho de que todos los seres son el *Tathagata*.

Huineng (Eno) dice:

> «Señala hacia el Tao del Buda, y deja que tu mente tenga paz».

Cuando Xuefeng (Seppo), alumno de Deshan (Tokusan), le reprochó a este que se presentase a cenar antes de que sonara la campana, el maestro solo dio media vuelta y regresó a su habitación[3]. Sirvieron la cena tarde, pero Deshan (Tokusan) no justificó su acto ni criticó a Xuefeng (Seppo). No dijo, ni siquiera con delicadeza: «Sabes, tenemos un tiempo específico para comer. Cuando sirven la comida con retraso se reduce el tiempo de descanso para los monjes. En este monasterio tenemos un horario muy rígido, y cuando disminuye el tiempo de descanso, los monjes no pueden recuperarlo». Deshan (Tokusan) no hizo nada parecido, solo se quedó completamente tranquilo y sereno; pudo recibir una corrección y enseñar a su vez.

Dar media vuelta fue la presentación perfecta que hizo Deshan (Tokusan) de este asunto, pero Xuefeng (Seppo) no lo entendió y procedió a justificarse ante Yantou (Ganto). Estaba orgulloso de haber derrotado a su anciano maestro y no se dio cuenta de que acababa de recibir una lección. En ocasiones, aun cuando una madre dice: «Oh, limpiemos esto», el niño responde: «¡No pretendía derramar la leche!», en vez de ir en busca de la esponja. No podemos esperar que nuestra respuesta sensible tenga éxito en todos los casos, al menos no a corto plazo. Deshan (Tokusan) pareció fracasar por un momento, pero su acto, a la larga, sirvió para iluminarnos a todos, debido a que su corazón se encontraba completamente puro.

Deshan (Tokusan) estuvo dispuesto a recibir una lección de su alumno, y esto no es más que simple modestia. Es reconocer la afinidad de todas las cosas, abrirse no solo a un niño de siete años, como en el caso de Zhaozhou (Joshu), sino también a las expectativas de tu perro. El tordo también tiene algo que decirnos.

Durante un *sesshin* en Kamakura, una estudiante avanzada se rió con fuerza durante un periodo de descanso. Muchas personas responderían con ira ante tal distracción en un *sesshin*, y tal vez se quejarían al Roshi diciendo que tal conducta es indigna de un alumna avanzada. Pero para la estudiante, esa risa estentórea fue la ocasión para su *kensho*. Fue la chispa que encendió su vela del *Dharma*. Cuando olvidamos al yo y a los demás, lo propio y lo impropio, encontramos buenas enseñanzas en todo lo que nos rodea. Con este espíritu de apertura recibimos enseñanzas de las pulgas y también de los parásitos intestinales. Nuestra gran montaña Haleakala nos enseña, y también lo hace la hierba de nuestro jardín.

Sin embargo, con los engaños de la superioridad puede pasar inadvertida una buena enseñanza y, así, la chispa se apaga. Con apego a nuestras neurosis de temor y defensa, nuestra disposición queda centrada en nosotros mismos. ¿Para qué estamos listos? ¿Nos encontramos preparados para el tordo chino? ¿Estamos listos para escuchar un comentario que provoque la introspección? ¿O lo estamos para el ataque? Si disfrazamos nuestras debilidades y resaltamos las de los demás, dejamos de practicar; solo cuando tenemos la capacidad de reconocer generosamente nuestro lado oscuro y el aspecto brillante de los otros, podemos decir que estamos realmente en el sendero.

Uno de mis recuerdos más hermosos es el de una familia con la que viví durante un tiempo hace muchos años. El padre y la madre tenían empleos con muy baja remuneración y sufrían muchas presiones. Resolvieron su situación con una actividad de sociodrama en la que la hija, por ejemplo, hacía el papel de la madre irritable y esta el de la joven exigente; así, las dos podían reírse de sí mismas al observar sus preciosas inquietudes desde otro punto de vista. El exterior actúa lo interior, como podéis oír cuando el búho reclama al caer la noche.

Dentro del *dojo,* los papeles también cambian sin cesar. Los principiantes juegan a ser dirigentes. Si siempre llegas a tiempo, realizas las tareas asignadas con cuidado, te mantienes bien acicalado y limpio, y te sientas con diligencia, estarás actuando con liderazgo, pues estimularás a otros a imitarte. El interior se encuentra abierto a la instrucción; el exterior es el campo de práctica.

Siempre regresamos al camino medio. Cuando no te muestras conscientemente astuto, enfatizarás el *Dharma*. Cuando no sospeches por rutina de los motivos de otros, ocurrirá un verdadero cambio del carácter y aparecerá posiblemente una mente receptiva para la iluminación.

Bodhidharma dijo:

> «La naturaleza propia es sutil y misteriosa. En el dominio del *Dharma* equitativo, llamamos Precepto de no alabarse a sí mismo mientras se maltrata a otros, a no meditar en el *yo* contra el *tú*».

En la naturaleza propia no existe el concepto de *tú* y *yo*, de sabio y persona corriente. En este lugar, como dijo Torei Enji Zenji, incluso una persona maliciosa es el avatar del Buda[4].

Dogen Zenji dijo:

> «Los Budas y los maestros ancestrales realizan el cielo vacío y la vasta Tierra. Cuando manifiestan el noble cuerpo, no existen interior o exterior en el vacío. Cuando manifiestan el cuerpo del *Dharma*, ni siquiera existe un trozo de tierra en el suelo».

¿Cómo ponernos ropa cuando no hay interior o exterior? ¿Qué queda cuando no existe ni un trozo de tierra en el suelo? Podrían plantearse otras preguntas difíciles ante las palabras de Dogen Zenji, pero, en beneficio de nuestro objetivo podemos concluir que las personas realizadas de verdad ven claramente la no dualidad del yo y el tú, el vacío de los conceptos comparativos y la vanidad de la actitud superior.

Cuando no existe un concepto fijo de *yo* y *tú*, es inadecuada la toma de decisiones por parte de una única persona. Los centros Zen occidentales heredaron las actitudes autoritarias japonesas y coreanas de toma de decisiones y, con el paso de los años, tales conductas han ocasionado inquietud entre los miembros de estas instituciones. El Roshi que actúe motivado por su más profunda iluminación, puede parecer arbitrario si no consulta con todos los interesados de una manera adecuada. En mi opinión, la toma de decisiones por consenso, estilo derivado de los modelos cuáqueros en el Movimiento para una Nueva Sociedad, ofrece al movimiento Zen occidental los medios para aplicar el Séptimo Precepto en el gobierno de la *Sangha*[5]. El *Roshi* y la *Sangha* quizá tengan interpretaciones distintas del *Dharma*, pero mediante un cuidadoso proceso de compartir en el que participe el *Roshi*, puede hallarse un consenso; esta es una experiencia de aprendizaje creativa para todos.

Hace varios años, Gary Snyder publicó una circular en la que citaba el *Digha Nikaya II*, que sienta cierto precedente en la toma de decisiones por consenso dentro de la tradición budista. Vale la pena citar todo el trabajo, debido a que también son interesantes las referencias que hace al tratamiento respetuoso para las mujeres y los valores culturales tradicionales:

Pensamientos de Sakyamuni Buda sobre una sociedad virtuosa

Ajatasattu, rey de Magadha, contemplaba la idea de atacar a la tribu Vajji, pero no estaba seguro de tener éxito. Envió un ministro al Buda, quien acampaba entonces en Pico Buitre, para que le preguntase qué opinaba de los Vajji. Sakyamuni y Ananda tuvieron una conferencia y acordaron los siguientes puntos acerca de los Vajji:

1. Los Vajji se reúnen con frecuencia a conferenciar y muchas personas acuden a estas reuniones
2. Los Vajji se reúnen y actúan al unísono para realizar las tareas tribales necesarias
3. Los Vajji no establecen reglas sin precedentes ni rompen las ya existentes, pero viven según las leyes tradicionales establecidas en el pasado
4. Los Vajji respetan, reverencian y veneran a sus mayores, y consideran valiosos sus consejos
5. Los Vajji no toman por la fuerza ni encierran a niñas y mujeres
6. Los Vajji respetan, reverencian y veneran sus lugares sagrados, y no pasan por alto la costumbre de las ofrendas
7. Los Vajji ofrecen protección, defensa y apoyo a *arhats*, sabios y yogis, con la esperanza de que los que aún no han llegado entren en su territorio, y quienes residen allí, sigan haciéndolo en paz durante tanto tiempo como deseen

Y el Buda dijo: «Mientras observen estas siete condiciones, los Vajji prosperarán y no sufrirán decadencia alguna».[6]

El ministro observó entonces que si los Vajji obedecían, aunque fuese solo una de tales condiciones, el rey de Magadha no podría levantar un dedo en su contra. Se dice que el Buda predicó muchas veces acerca de estas siete condiciones, pues se aplicaban a su *Sangha*[7].

De esta manera, el Séptimo Precepto es un reflejo del Primer Precepto: no matar. Al no alabarnos ni maltratar a los demás, al utilizarnos en concordancia con los otros para realizar el potencial de la comunidad biótica, salvamos a todos los seres. Y, como dijo Huineng (Eno), «la salvación de todos los seres es salvarlos en nuestra mente[8]». Cuando la mente es una con toda mente, las comparaciones, en el mejor de los casos, son solo verdades a medias, y tu trabajo es el trabajo del mundo.

CAPÍTULO 9

El Octavo Precepto
No escatimar los valores del *Dharma*

Repasemos lo que lleva implícito el término «Dharma»: es la naturaleza esencial de todas las cosas y el universo mismo, el vacío que está cargado de posibilidades; son las posibilidades mismas que emergen y luego se desvanecen. Es la interacción de los seres, su interpretación y dependencia mutua.

El Dharma también es la ley especial para existir que encontramos en ciertas doctrinas. El Dharma búdico es la ley budista; es la ley cósmica interpretada por el Buda y sus sucesores. Decimos que el Buda hizo girar la «Rueda de la Ley»; esto significa que expresó el Dharma cósmico.

El *Dharma* científico, si puedo utilizar esta expresión, es la ley cósmica interpretada por biólogos y físicos. $E = mc^2$ es una descripción del estado en que se encuentran las cosas, y cualquiera que trate de evitarlo, se verá frustrado. Lo mismo se aplica al *Dharma* búdico: no puede ser ignorado.

> Cuando Baizhang (Hyakujo) ofreció una serie de charlas, un anciano entró con los monjes para oírle hablar.
>
> Al salir los demás, él también se marchaba. Sin embargo, un día permaneció en la sala.
>
> Baizhang (Hyakujo) le preguntó: «¿Quién eres tú, que estás parado aquí, delante de mí?»
>
> El anciano respondió: «De verdad te digo que no soy un ser humano. En los antiguos tiempos de Kashyapa Buda, fui el sacerdote principal de esta montaña. Un día, un monje me preguntó: '¿Una persona completa-

mente iluminada cae bajo la ley de causa y efecto, o no?' Contesté: 'Tal persona no cae bajo la ley de causa y efecto'. Al decir esto, renací quinientas veces como una zorra. Te suplico que me des una palabra transformadora que me libere de mi vida como zorra. Dime, ¿una persona completamente iluminada cae bajo la ley de causa y efecto?»

Baizhang (Hyakujo) repuso: «La ley de causa y efecto es inevitable».

Al escuchar esto, el anciano alcanzó la iluminación.[1]

Sin embargo, la ley del *karma* es inevitable y en un sentido más amplio, el *Dharma* mismo sigue siendo un aspecto difícil de comprender. La religión, la filosofía y la ciencia, en todas partes, persiguen el *Dharma* y buscan entenderlo. Los físicos modernos están muy cerca de la comprensión budista de la ley: ven que los fenómenos están vacíos, y a la vez no lo están, como dice el *Cheng-tao ko*[2]. Los científicos, cuanto más insisten en buscar el *Dharma*, más se acercan a los incognoscible. Si traducimos la «naturaleza esencial» como «energía», y las «posibilidades» de la naturaleza esencial como «tendencias», usaremos términos físicos adecuados[3]. (Pero lo opuesto no es verdad; en física, el vacío es un fenómeno, y el budista Zen citaría el proverbio: «Aun el cielo debe ser pegado». El vacío mismo debe eliminarse).

Entonces, ¿qué significado tiene la frase: «los valores del *Dharma*»? A la luz de todos los significados de «Dharma», podemos inferir que «valores del *Dharma* implican la energía y sus tendencias, la energía y sus inclinaciones. La abundancia del mundo de los fenómenos es equiparable con el generoso espíritu del individuo». El Primer Precepto y todos los demás quedan resumidos en el Octavo: «No escatimar los valores del *Dharma*». Este es el reflejo positivo de no matar. «No matar» y «estimulemos la vida»; estos dictados son la misma cosa.

Los valores del *Dharma* incluyen el dinero, la prueba para el espíritu puro. Existe lo que llamamos el dinero sucio y en Kamakura podemos lavar el nuestro en la fuente sagrada del altar Shinto, Zeniarai Benten. Esta costumbre me agrada y creo que, con una intención honesta, el dinero queda purificado de verdad. Sin embargo, es mejor que, para empezar, lo conservemos como un medio de intercambio para obtener pan y recompensar el trabajo. La vida correcta implica más que evitar el negocio de vender vino al alcohólico. Desde mi punto de vista, hacer dinero con dinero no es ganarse la vida.

Lo más importante es la actitud de la persona, que se mantenga pura al dar o recibir algo, tan pura como el acto de ponerse en pie. Cuando Seisetsu Shuryo Kokushi era Roshi del monasterio Engaku, en Kamakura hubo que reconstruir el *dojo* para albergar al gran número de monjes que se reunían allí para practicar. Un rico comerciante aportó quinientas piezas de oro, una enorme suma de dinero para esta finalidad.

La historia varía en este punto, pero según la versión que escuché de labios de Nakagawa Soen Roshi, Seisetsu Zenji se limitó a decir: «De acuerdo, lo aceptaré».

El comerciante se sintió ofendido por no recibir una expresión de agradecimiento, así que replicó: «En este saco hay quinientas piezas de oro».

Seisetsu estaba enfrascado en un juego de *go* en ese momento; levantó la mirada del tablero y repuso, sin más: «Ya lo habías dicho».

La energía del dinero, el trabajo, la sonrisa, las bromas; nuestra buena suerte, nuestro buen *karma*, consiste en encontrarnos en el lugar donde podamos invertir nuestra energía de un *Dharma* a otro *Dharma*. Al igual que la planta de tomates que se incorpora a la tierra para el beneficio de otras plantas de tomates, nosotros somos los agentes de la vitalidad que nos entregamos libremente como esa vitalidad y para esa vitalidad.

Así, sin más consciencia propia que esa planta de tomates, pintamos la casa, trabajamos en el jardín o escribimos a máquina. El rico comerciante buscaba una recompensa en forma de un agradecimiento por su obsequio y, por tanto, escatimaba los valores del *Dharma*. Seisetsu Zenji fue generoso con su enseñanza, adecuándola a la ocasión. Podemos estar seguros de que, en otras circunstancias, no habría escatimado sonrisas y palabras de gratitud.

El maestro Eckhart dijo:

> «Dar mil marcos de oro para construir una iglesia o un claustro es algo maravilloso, pero dar mil marcos por nada es un obsequio mucho mayor».[4]

Tal es el verdadero espíritu de no escatimar los valores del *Dharma*.

Cuando preguntaron a Hui-hai respecto a cómo entrar al Tao, él contestó que entramos en él por la *danaparamita*, la perfección de la renuncia, la perfección de entregar[5]. Es como hacer una reverencia profunda hasta el suelo.

Yamada Roshi dice que la reverencia es un acto que implica despojarse de todo. También se dice que levantar las manos al encontrarnos postrados es el acto de elevar los pies del Buda por encima de nuestras cabezas. El estudiante que empieza quizá tenga dificultades para aceptar esto, pues puede parecerle un acto que denigra la dignidad humana. Es importante que entendamos que la postración ante el altar equivale a la *danaparamita* en la vida cotidiana. Hay muchas anécdotas en la literatura budista que nos enseñan que el Precepto de no escatimar los valores del *Dharma* es una renuncia absoluta, como consta en *Los cuentos Jataka*:

> Jimon fue una monja que vivió en Japón durante el siglo XVIII. Una gélida noche, un ladrón se aproximó a su choza en busca de algo. Sin agitarse en absoluto, Jimon se levantó y dijo: «Cuan deprimente debió ser cruzar campos y montañas para llegar hasta aquí en una noche tan fría; espera un momento y te daré algo caliente». Preparó un potaje para el hombre y le hizo sentarse junto al fuego. Entonces le dijo: «He renunciado al mundo, así que no tengo objetos de valor, pero, por favor, toma lo que quieras. A cambio, te diré algo. He estado observándote y me parece que, cualquiera que sea tu trabajo, no tendrás dificultades para ganarte la vida; así que, ¿no te parece vergonzoso que hayas caído en una condición tan baja que es una vergüenza, no solo para ti sino también para tu familia? Por favor, cambia tu visión y renuncia a este negocio del robo. Toma todo lo que tengo y véndelo para que obtengas el capital necesario para realizar cualquier trabajo que sea adecuado a tu capacidad; te sentirás mucho más tranquilo». El ladrón quedó tan impresionado que se marchó sin tomar objeto alguno.[6]

Jimon era una estudiante auténtica de las enseñanzas de nuestro maestro fundador.

Bodhidharma dijo:

> «La naturaleza propia es sutil y misteriosa. En el *Dharma* legítimo, que abarca todo, el Precepto de no escatimar los valores del *Dharma* consiste en no ser mezquino con cosa alguna».

En el *Dharma* legítimo que lo abarca todo tenemos aquí a una mujer, un algarrobo allá, una roca volcánica aquí y un gato allá. Cada individuo emerge como el *Tathagata*, apareciendo como su propio ser, con nada idéntico a él en parte alguna, en ningún momento. Cada individuo enseña y renuncia a todo. El universo está iluminado de riquezas que relumbran a través de cada uno de sus seres. Al comprender esto, Jimon pudo compartir los valores del *Dharma*.

Como los demás Preceptos, el Octavo no es, en esencia, una advertencia, pues afirma lo que ha sido cierto desde el principio. Podemos decir que el rico comerciante violó este Precepto o actuó con ignorancia del mismo al suponer que el dinero era algo exclusivo de su propiedad y que lo compartía con Enkakuji. En realidad, su acto fue como el de compartir una sonrisa, o dar una flor a un niño. Pero no pensemos que esa flor pagará los gastos de nuestro *sesshin*: todas las cosas guardan proporción.

En el *Fukan Zazengi,* Dogen Zenji dice:

> «El tesoro de las cosas preciosas se abre por sí mismo. Puedes tomarlas y utilizarlas como quieras»[7].

Esto es un *koan*. ¿Cómo responderías tú? ¿Acaso significa que podemos hacer estallar un arma nuclear o incendiar una refinería de petróleo solo porque tenemos deseos de hacerlo? Bodhidharma y Dogen Zenji nos hablan desde su terreno esencial en este mundo.

Es así como este mundo toma cuerpo.

Dogen Zenji dijo:

> «Una frase, un verso: eso es las diez mil cosas y las cien hierbas; un *Dharma*, una realización: eso es todos los Budas y los maestros Ancestrales. Por tanto, desde el principio no ha existido mezquindad alguna».

Las «diez mil cosas» es una expresión china que significa «todo». ¿Cómo es posible que una frase, o un verso, pueda serlo todo? Como solía decir Nakagawa Soen Roshi al hablar de la famosa frase de una palabra pronunciada por Yunmen (Unmon), traducida al japonés como *Kanshiketsu* (palo de excremento seco), solo «*kan*» es suficiente, solo «*kkk*» es suficiente. A veces, los viejos maestros gritaban: «¡*Katsu*!», en ocasiones mostraban una flor. Blake pregunta si podemos ver el mundo en un grano de arena.

Podemos encontrar la misma verdad en el otro extremo del libro mayor. «Hierbas» es la palabra que representa el engaño y los apegos en la literatura Zen. Con una frase se manifiestan los ochenta y cuatro mil engaños y sus apegos.

Cuando el Buda mostró una flor a su asamblea, este acto fue una presentación completa y plena de todo el universo, así como de todas las enseñanzas de todos los Budas y maestros ancestrales[8]. La primavera de China a la orilla del río, el niño que chapotea en el baño, el gato que maúlla ante la puerta, la nube que flota sobre Haleakala: todo esto es generoso con su enseñanza.

Cuando nuestros engaños y apegos de *mío* y *tuyo*, *nuestro* y de *ellos*, entorpecen nuestro sendero, nos volvemos dualistas en nuestra economía y capacidad para compartir, y no podemos ser testigos de la presentación de una flor. Esta clase de división en la actitud es el engaño fundamental, como dijo Yasutani Roshi. Mirad adónde nos conduce en los asuntos nacionales: los pobres se enfurecen cada vez más y los ricos se vuelven cada vez más arrogantes. Mirad hacia dónde nos lleva en las relaciones internacionales, donde cada país protege lo propio a la vez que ejerce una presión sobre los demás, al mismo tiempo que el mundo parece encogerse con su creciente tecnología. A veces, dentro de nuestras comunidades y familias, mostramos la tendencia a protegernos como subgrupos sin mostrar generosidad alguna con las otras subdivisiones. Es fácil criticar al mundo, pero muy difícil percatarnos de que hemos contribuido a su sufrimiento al violar este Precepto.

Nuestro primer voto: «Los seres son innumerables, prometo salvarlos a todos», es una paráfrasis del Octavo Precepto, pero debido a nuestro apego a los conceptos carece de significado, pues no percibimos de verdad las imágenes y sonidos del mundo.

> Dizang (Jizo) preguntó a Xiushan (Shuzan): «¿De dónde has venido?»
>
> Xiushan (Shuzan) repuso: «Del Sur».
>
> Dizang (Jizo) dijo: «¿Cómo se encuentra el budismo en el Sur en estos tiempos?»
>
> Xiushan (Shuzan) respondió: «¿Se habla mucho de él?»
>
> Dizang (Jizo) agregó entonces: «Plantar mi arrozal y cultivar arroz es mejor que eso».
>
> Xiushan (Shuzan) inquirió: «¿Cómo puedes salvar de esa manera a todos los seres de los Tres Mundos?»
>
> Dizang (Jizo) replicó: «¿A qué te refieres al hablar de Tres Mundos?»[9]

Xiushan (Shuzan) repite sin pensar una frase originada en su entendimiento conceptual del budismo. En su contexto, los Tres Mundos son los del deseo, la forma y la ausencia de forma, y se encuentra cautivo en la abstracción de que, sin duda, nuestro deber es escapar de la sociedad y analizar el budismo para estimular su práctica. ¿Cómo cumpliremos con nuestro voto de salvar a todos los seres de todas las dimensiones, con solo emplearnos en menesteres humildes? Hsiu-sang veía a estos seres como entidades que estaban «afuera».

Dizang (Jizo) fue uno de los héroes budistas del periodo T'ang, la edad dorada del Zen. Fue maestro de Fayan (Hogen) y renombrado por su incisiva manera de utilizar las palabras de sus estudiantes, de la misma forma que un practicante de judo aprovecha la fuerza de su oponente. Él «acabó con las raíces del engaño» de Xiushan (Shuzan), para utilizar la convincente expresión de Abe Masao Sensei[10]. Utilizó la metáfora del arrozal, pero su acto es una presentación muy generosa del *Dharma*.

Muchas personas hablan sin cesar de abstracciones como verdad, justicia, paz, amor, salvar a todos los seres, y demás. Pero si no hablan y actúan desde el centro vacío que se encuentra tan pleno de generosidad, son utilizados por sus abstracciones y la verdad se convierte en verdad para *nosotros*; la justicia se vuelve justicia para *nosotros*, y todos los seres se convierten en nuestro grupo, nuestra clase, nuestra nación, o lo que sea. Así se oscurece el hecho de que todos los seres ya están salvados.

Compartir de verdad es el acto de la planta de tomates o el plancton, la mente del universo donde nada se reserva. Cuando estamos atrapados dentro de una abstracción como la de los Tres Mundos, nos encontramos cautivos del egocentrismo. La realización de un *Dharma* como el *Dharma* universal, una flor silvestre como el propio cielo: eso es liberarse de la abstracción. Entonces podemos recitar los Cuatro Votos meramente como una confirmación de nuestra mente generosa. Vuelve a *Mu* y tu acto de llevar la cuchara a la boca será la realización de este Precepto.

CAPÍTULO 10

El Noveno Precepto
No entregarse a la ira

Hace algunos años, cuando los maestros tibetanos aparecieron por primera vez en Hawai, uno de ellos se me acercó durante una recepción y me preguntó: «¿Qué dicen los maestros Zen de la ira?»

Respondí: «En esencia, no hay ira ni nadie que pueda enfurecerse». El hombre me miró de modo extraño, pero no dijo nada.

Ahora debo explorar todas las cosas que no se dijeron en esa conversación truncada. Al meditar mi respuesta, creo que actué un poco como Hui (E) el recluso, quien dijo: «Nada especial». Cuando informaron de esto a Changsha (Chosa), éste compuso el siguiente poema:

> Tú que estás sentado en lo alto de un poste de cien pies, aunque hayas entrado en el camino, esto aún no es auténtico.
> Da un paso desde lo alto del poste
> y el universo, en las diez direcciones, será todo tu cuerpo.[1]

El que se encuentra en lo alto de un poste es como el Buda después de su gran iluminación, antes de que buscase a sus amigos. Ello es totalmente vacío pero, como dice el *Sutra del Corazón*, vacío también es forma[2]. Si no existe ira, ¿qué es lo que asoma en mi corazón cuando alguien se burla de una ceremonia budista? Recuerdo mis amargas experiencias con la ira, una historia que se inició hace mucho tiempo.

En 1942, el novelista Philip Wylie publicó un libro llamado *Generation of Vipers*, que era el destilado de su ira contra las mujeres que habían frustrado su proceso de maduración. Cuando leí el libro, después de la guerra, este evocó en mi consciencia la castración que sufrí en mi infancia al tratar de enfrentarme con mujeres dominantes: mi madre, hasta cierto grado, pero especialmente una de mis abuelas.

Sin embargo, aunque podía darme cuenta de mis sentimientos, no lograba trabajar con ellos y recuerdo que, a los treinta y tres años, cuando estuve sentado en mi primer *sesshin* en un monasterio japonés dedicando toda mi atención a maldecir a mi madre por un malentendido en cuestión de dinero, me pareció que ella consideraba que no actué de manera honorable. El incidente ocurrió dos años antes de ese momento.

Entendía muy poco japonés así que no pude pedir ayuda para mi problema durante esos *sesshin*, pero poco después, durante la misma peregrinación, me senté con otro maestro que me dio el *koan Mu*. Establecerme en *Mu* me ayudó a encontrar un fondo que era más profundo que mis emociones. Esa fue mi primera experiencia con el efecto terapéutico del correcto *zazen*. Al regresar a los Estados Unidos pude establecer una mejor relación con mi madre, pues los recuerdos ya no dominaban mi cerebro y podía responderle de una forma directa.

Sentarme en 1950 en mis cojines en Enkakuji, murmurando: «Mi maldita madre» como un antimantra nocivo, representó un ejercicio para mi identidad propia, que era lo mejor que podía hacer en ese momento. Sabía muy bien que no veía más allá de un lugar egocéntrico, y traté de volver a mi *koan* cada vez que descubría que me entregaba a mi fijación, pero la emoción era tan poderosa como un incendio en el bosque, y no podía enfrentarla.

Mi problema consistía simplemente en la inmadurez. Los Tres Venenos se identifican como tales debido a que, de hecho, son venenosos, las formas más mortíferas del infantilismo. Cuando fuimos niños y adolescentes, todos odiábamos como una forma de defensa personal, y nos manteníamos protegidos, así como a nuestros grupos, utilizando palabras e, incluso, violencia. Estábamos en el proceso de crear nuestras identidades. Ahora somos adultos, pero tal vez aún experimentamos ese deseo de protección de la adolescencia y, cuando aparece alguien que nos dice duras palabras de crítica, con grandes dificultades –si acaso– reconocemos el aspecto del avatar del Buda.

El *Ts'ai-ken t'an* dice:

> «Si las palabras de traición están siempre en tus oídos, y los pensamientos indeseables siempre en tu mente, puedes darles la vuelta y utilizarlos como piedras de afilar para fortalecer tu práctica. Si todas las palabras que llegan a tus oídos fuesen agradables, y agradables también todas las cosas de tu mente, entonces toda tu vida estaría envenenada y desperdiciada».[3]

No buscamos solo acallar nuestras mentes, sino practicar. Esto implica utilizar lo que aparece en las circunstancias externas o en nuestra cabeza. Así lo que suceda puede servir de recordatorio. Un amigo mío ha citado al maestro Zen Seung Sahn: «El que te alaba es un ladrón; el que te critica es tu verdadero amigo». Todo es una piedra de afilar.

En la política internacional el abandono de la práctica de la piedra de afilar conduce al conflicto mundial. «No puede hacerme esto» se convierte en: «no pueden hacernos esto». Hablando de ira, me enfurece ver que los líderes del mundo actúan como niños caprichosos y, sin embargo, hablan en representación de su gente, de todos nosotros.

Las mujeres, sometidas desde la infancia al dominio patriarcal, tal vez puedan comprender el sufrimiento y la ira que sentí en los primeros tiempos, aunque nuestras situaciones eran distintas en calidad y grado. Considero que mi historia personal me facilita el entendimiento de los imperativos del feminismo, si me comparo con un hombre que creció en una familia donde las mujeres se adaptaban a los estereotipos tradicionales. Pero tanto los hombres como las mujeres, todos tenemos que reconocer y trabajar con nuestra ira.

He aquí como lo hizo un poeta:

> Cuando [Robert Louis Stevenson] vio que maltrataban a un perro, intervino de inmediato, y cuando el dueño resintió su interferencia y le dijo: «No es su perro», él gritó: «Es el perro de Dios, y estoy aquí para protegerlo».[4]

Otro ejemplo de justa ira es la carta de respuesta de Stevenson a las calumnias contra el Padre Damián, un famoso sacerdote que atendía a los leprosos en la isla de Molokai. Un ministro protestante de Honolulu escribió una carta privada sobre él que después fue publicada. En ella acusaba al Padre Damián de exceso de orgullo, de tener un temperamento incontenible e, incluso, de mala conducta sexual. Stevenson respondió con una carta abierta en la que acusaba a su vez al ministro de celos sectarios[5].

¿Dónde termina la postura de justicia y empieza la autojustificación? Una corrección enfática, incisiva de otra persona, no significa necesariamente autoprotegerse, aunque, por supuesto, es posible que existan elementos de una en la otra. Se dice que Stevenson lamentó su impulsivo lenguaje después de la publicación de la carta.

Aquí recuerdo el vehemente temperamento de Yasutani Roshi. Perdía los estribos por el hecho de que la escuela Soto moderna negara la importancia de la iluminación de forma convencional. En muchas ocasiones, aun entre los estudiantes que estaban de acuerdo con él, Yasutani abordaba el tema con el rostro encendido y ardientes palabras.

> «Sé que hay compañeros que se llaman profesores en las universidades budistas, que sirven, sin discriminación, un té vulgar en el *Dharma* de Dogen, engañando y aturdiendo a los principiantes, así como a las personas que han practicado el Zen durante mucho tiempo. Son una pandilla de demonios que no tienen perdón, grandes ladrones de cielo y tierra, y deberían llamarse sabandijas en la piel del león. No se dan cuenta de que son individuos despreciables que calumnian los Tres Tesoros y deben caer en el infierno después de su muerte. Esto se debe a que no acuden a los verdaderos maestros para recibir orientación y están arruinados por interpretaciones escolásticas equivocadas. Nunca lamentaremos lo suficiente esta situación»[6].

Puedo imaginar al viejo Roshi al escribir esto, con el pincel golpeando el papel, los labios en una expresión severa y los ojos destellantes. Era como Fudo Myo-o, el inamovible rey de sutil sabiduría en el panteón budista, sentado entre llamas, con el rostro enrojecido, los ojos salientes y la expresión más fiera que pueda imaginarse.

En la iconografía budista, Fudo es el reflejo de Kanzeon, la encarnación de la misericordia y la compasión. Fudo y Kanzeon tienen la misma función, como ocurrió con Yasutani Roshi: salvar a todos los seres.

Planteo aquí un interrogante: ¿cómo es posible reconciliar la ira de Fudo y Yasutani Roshi con las palabras del Xinxin Ming (Shinjinmei)?

> El conflicto entre agrado y desagrado:
> es la enfermedad de la mente.
> Si no entiendes esta realidad profunda,
> Buscas en vano la paz[7].

Sin duda, al condenar a los sacerdotes eruditos de la universidad Komazawa, Yasutani Roshi hacía una comparación entre lo que le gustaba y lo que le disgustaba. ¿Estaba enferma su mente? De ninguna manera; no más que la tuya al contemplar una violación de los principios comunes de la decencia y responder con palabras candentes y fiera expresión. Yasutani Roshi entendió el profundo significado del Camino y su paz mental permaneció inalterable; quizá esta fuese la diferencia entre su ira y la tuya. Pero en los dos casos, ambos, de hecho dicen: «Esto es cierto; esto es falso». La pasión es la pureza del *Tathagata* que emerge, y el motivo es la misericordia de Kanzeon.

Bodhidharma dijo:

> «La naturaleza propia es sutil y misteriosa. En el dominio del *Dharma* desinteresado llamamos Precepto de no entregarse a la ira a no procurar la realidad para el yo».

Un mínimo rastro del yo que hay que defender es una violación del Precepto. Yasutani Roshi protegía el *Dharma* y no pensaba en sí mismo en absoluto. Su templo era muy pequeño, su túnica estaba fea y desgastada, y empleó su tiempo y energía en comunicar la mente. El Xinxin Ming (Shinjinmei) habla de las preferencias y prejuicios egocéntricos, de los juicios relacionados con el *yo* que explotan a la gente y las cosas.

Hace dos años, cuando negociábamos una desavenencia con el distrito de Maui, solicité voluntarios que fuesen en mi representación, argumentando que yo tenía fama de ser muy irritante y no deseaba poner en peligro los trámites al presentarme. Alguien inquirió: «¿No te enfurece saber que hay personas que te consideran irritante?» La pregunta me sorprendió. Supongo que veinte años antes me habría puesto furioso al saber esto. Creo que estoy envejeciendo.

Debido a las exigencias del momento es posible que no nos demos cuenta de que respondemos con egocentrismo. Es importante cultivar lo mejor que podamos nuestro terreno vacío de acción y expresión para no dejarnos arrastrar por las reacciones de los demás. Entonces, cuando presentemos nuestra respuesta, sabremos con certeza si somos o no indulgentes con nosotros mismos y esto puede ser nuestra piedra de afilar.

En nuestro estudio de los *koan* hay uno en el que Jianyuan (Zengen) responde con ira a la inflexible presentación de su maestro, y a partir de entonces profundiza su práctica para alcanzar el sitio donde finalmente puede convertirse en el eco de la sabiduría de su maestro.

> Daowu (Dogo) y Jianyuan (Zengen) fueron a una casa para presentar sus condolencias. Jianyuan (Zengen) golpeó el féretro y preguntó: «¿Vivo o muerto?»
>
> Daowu (Dogo) repuso: «No diré vivo; no diré muerto».
>
> Jianyuan (Zengen) insistió: «¿Por qué no lo dices?»
>
> Daowu (Dogo) replicó: «No lo diré».
>
> Al volver, Jianyuan (Zengen) habló: «Reverencia, por favor, dímelo de inmediato. Si no lo haces, te pegaré».

Daowu (Dogo) contestó: «Permitiré que me pegues, si quieres, pero no lo diré».

Y Jianyuan (Zengen) le pegó.

Más tarde, después de que Daowu (Dogo) muriera, Jianyuan (Zengen) fue con Shin-shuang y le contó esta historia. Shin-shuang comentó: «No diré vivo; no diré muerto».

Jianyuan (Zengen) dijo: «¿Por qué no lo dices?»

Shin-shuan contestó: «¡No lo diré! ¡No lo diré!»

Y con estas palabras, Jianyuan (Zengen) alcanzó la iluminación.[8]

Los antiguos maestros sentían pasión por el *Dharma*. ¿Te parece que Nanquan (Nansen) estaba furioso cuando mató al gato? Estoy seguro de que tenía un rostro iracundo[9].

No interpretes mal. El *Dharma* de ausencia del yo es silencioso cuando nada sucede y activo cuando aparecen las cosas, pero el acto de Nanquan (Nansen) no fue solo una respuesta espontánea. La espontaneidad no es el Camino. La paz se encuentra en la raíz de la respuesta iluminada, y la orientación es su calidad.

Dogen Zenji dijo:

> «No avanzar, no retroceder, no real, no vacío. Existe un océano de nubes claras; existe un océano de nubes solemnes».

Este pasaje tiene un sinfín de puntos para el estudio de los *koan*, y soy reacio a tocarlo. Hace referencia al camino medio, al *Tathagata* que emerge en este mundo. ¿Qué es «no avanzar, no retroceder»? El *Tathagata* se origina en ese sitio inmóvil. ¿Qué es «no real, no vacío»? El *Cheng-tao ko* aclara este punto al hablar de la joya Mani:

> «Opera nuestra vista, oído, olfato, gusto, sensaciones y consciencia; y todo está vacío y, a la vez, no vacío».[10]

¿Qué son el «océano de nubes claras» y el «océano de nubes solemnes»? Aquí, en Maui, he observado que, cuando el cielo está encapotado, el tordo chino canta, y cuando hay sol, cantan el cardenal y el estornino. A veces de modo solemne, a veces claro, el tordo enseña y el estornino también. Cuando llueve, corro a buscar refugio. Cuando hace bueno, saco a pasear a mi perro. Si alguien se queja, trato de ser objetivo. Pero a veces, debo alzar la voz y decir: «¡Basta ya!» Cuando no hay avance o retroceso en lo más profundo de mi corazón, entonces enseño de verdad. De hecho, en las palabras del *Sutra del Diamante*, uno emerge como el *Tathagata* cuando sale de su morada original, el vacío mismo[11].

En suma, este Precepto tampoco es solo un mandamiento moral. Ira y amor son nombres que damos a ciertas tendencias de la energía. Si no podemos experimentar ira alguna, estaremos bloqueando nuestra creatividad. Esto debe corregirse. Thich Nhat Hanh dice:

> «Trata tu ira con gran respeto y ternura, pues no es otra cosa que tú mismo. No la suprimas; solo sé consciente de ella. La consciencia es como el sol: cuando brilla sobre las cosas, estas se transforman. Cuando tienes conciencia de estar furioso, la ira se transforma. Si destruyes tu ira, destruyes al Buda porque el Buda y Mara poseen la misma esencia. Tratar la ira con atención es como tomar la mano de un hermano pequeño».[12]

Esa es una expresión de nubes claras. ¿Qué decir de las solemnes? William Blake dice (traduzcamos su término «intelecto» como *prajna*):

> «Los hombres entran en el Cielo no porque hayan controlado o gobernado sus pasiones, o tengan o no pasiones, sino porque han cultivado su comprensión. Los Tesoros del Cielo no son negaciones de la pasión sino realidades del intelecto, del cual todas las pasiones emanan sin control en su Eterna Gloria».[13]

Dejaré que el viejo Zhaozhou (Joshu) tenga la última palabra:

> Zhaozhou (Joshu): «La budeidad es pasión y la pasión es budeidad».
> Monje: «¿En quién causa la pasión el Buda?»
> Zhaozhou (Joshu): «Buda causa la pasión en todos nosotros».
> Monje: «¿Cómo nos deshacemos de ella?»
> Zhaozhou (Joshu): «¿Por qué debemos deshacernos de ella?[14]

CAPÍTULO 11

El Décimo Precepto
No difamar los Tres Tesoros

Los Tres Tesoros son fundamentales para la práctica del budismo y, excepto por su tono sectario, son esenciales para toda práctica religiosa. Por supuesto, los tesoros son el Buda, el *Dharma* y la *Sangha*: la iluminación, la verdad y la armonía. No difamarlos es el sendero para lograr su completa comprensión, mantenerlos claros en nuestra mente y realizarlos en nuestras vidas.

El Buda es El Iluminado; en primer lugar, representa al Buda histórico, pero también es la naturaleza del universo y de todos los universos, la sabiduría de los gusanos de tierra y la suciedad en la que tienen su existencia. El *Dharma* es la doctrina y, asimismo, la realidad que describe, vasta e insondable, enfocada en el repentino chillido de una salamanquesa en una mañana hawaiana. La *Sangha* es armonía –primeramente, la de los discípulos del Buda, pero también la de todos los seres en una magnífica trama de interrelaciones–, el equilibrio de las estrellas y la simbiosis de las termitas y sus parásitos. La *Sangha* también es la armonía de la doctrina y la iluminación, de los fenómenos y lo absoluto, de forma y vacío; el *Sutra del Corazón* expuesto en el arco iris que retoza entre las aguas de la cascada de Manoa.[1]

La comprensión completa de los Tres Tesoros es cuestión de experimentarlos. Tal vez quede claro que «la naturaleza búdica impera en todo el universo»[2]; está por todas partes, no puede ser difamada, pero, ¿qué clase de claridad es esa? Quizá resulte un poco abstracta e intelectual. Tal vez no quede muy claro que la naturaleza búdica es moral.

Por ejemplo, tomemos la famosa máxima de Yunmen (Unmon): «Todo día es un día bueno»[3]. En una ocasión, durante el periodo de preguntas, un estudiante inquirió: «¿Pudo Yunmen (Unmon) haber dicho, con razón, que 'todo día es un día malo?'» Contesté: «No», y procedí a señalar que Hakuin Zenji dijo: «Todos los seres por naturaleza son Buda» y no: «Todos los seres, por naturaleza, son Mara»[4].

Cuando logras olvidarte una sola vez de ti mismo por completo, alcanzas un engrandecimiento increíble y se abre el camino de la compasión. Mara, entonces, representa un obvio error; el bien es el Tao, y encontramos nuestro hogar en los Tres Tesoros.

Así, los Tres Preceptos Puros hacen aparecer el sendero personal en el mundo:

Renuncia a todo mal,
practica todo bien;
salva a todos los seres.[5]

La iluminación, el Tao y la armonía se convierten en motivos personales. Sois disciplinados y abiertos. Los Diez Preceptos son las directrices que indican cómo proceder.

En la ceremonia Jukai, el estudiante se inclina ante la asamblea y ante el Roshi (que es la representación de Sakyamuni) para hacer «propios» los Diez Preceptos, los Tres Preceptos puros y los Tres Votos de refugio en los Tres Tesoros y reconocer: «Soy un discípulo de Sakyamuni Buda». El Roshi da entonces al estudiante un *ketchimyaku*, literalmente, un certificado del «pulso de la sangre» que demuestra que tiene un linaje que se remonta hasta Sakyamuni Buda, así como un *rakusu* (un atuendo pequeño, semejante a un delantal) que representa la túnica del Buda y que el estudiante usará en todas las reuniones budistas Zen. Se trata de un ritual solemne y sirve para enlazar el pensamiento y la acción correctos con el espíritu de devoción y la práctica religiosa.

En casi todos los centros occidentales se pide a los estudiantes que eligen la ceremonia Jukai que cosan sus *rakusus* ellos mismos. Esto obedece a la antigua tradición budista de confeccionar la propia túnica. El nuevo monje se despojaría de su ropa, caminaría desnudo hasta el basurero del poblado y cogería trozos de tela para blanquearlos y coserlos formando una túnica, y después la teñiría con las tinturas más baratas que pudiera encontrar. El acto de coser el *rakusu*, también con trozos de tela, supone un eco y nos ayuda a personificar la sincera integridad religiosa de nuestros ancestros, quitándose la vieja ropa de los Tres Venenos para cubrirse con el nuevo atuendo del Buda.

Hakuin Zenji escribió: «Este cuerpo es el Buda»[6]. Al vestir la ropa del Buda y comer de los recipientes del Buda (como reconocemos con nuestros *sutras* de la hora de comida[7]), afirmamos la sabiduría del Buda y los Preceptos que emergen de ella de forma natural, de la misma manera que alimentamos a nuestros hijos o conducimos nuestro coche para ir a trabajar.

Los Tres Tesoros se afirman al inicio de las recitaciones de los *Sutras* en el budismo Zen, cuando recitamos el *Ti Sarana*, la *Gatha de Refugio*, que es el centro mismo de toda la ceremonia budista: Mahayana, Vajrayana y Theravada. Senzaki Nyogen Sensei siempre recitó esta *gatha* en pali original, como una forma de expresar la unidad de todo budismo:

Buddham saranam gacchami;
Dahmmam saranam gacchami;
Sangham saranam gacchami.

Esta *gatha* suele traducirse así:

Me refugio en el Buda;
me refugio en el *Dharma*;
me refugio en la *Sangha*.

La intención del original es la afirmación de Buda, *Dharma* y *Sangha* como mi hogar. Cada vez que recitamos esta *gatha* conscientemente, juramos recibir, sostener y manifestar los Tres Tesoros como nosotros mismos. Representa el ritual Jukai abreviado, renovado en cada una de nuestras ceremonias, junto con todos los budistas del mundo.

Tomar refugio en los Tres Tesoros es como cuando Ruiyan (Zuigan) llamaba a su maestro:

Todos los días, Ruiyan (Zuigan) se llamaba a sí mismo:
«¡Maestro!»
Y contestaba: «Sí».
«¡Permanece alerta!»
«Sí, lo haré».
«¡No dejes que los demás te engañen!»
«No lo haré».[8]

A veces, este caso suele malinterpretarse como una sencilla corrección de sí mismo, como alguien que, al final del día, medita en los errores que cometió y decide corregirlos. Esta reflexión es aceptable, pero no representa la práctica de Ruiyan (Zuigan). Este recibe, sostiene y presenta los Tres Tesoros. Dice de tres maneras: «Vuelvo a casa».

Ruiyan (Zuigan), sin embargo, no repite de manera explícita «Buda, *Dharma* y *Sangha*» y pretendía advertirse de no depender de algo o alguien. Así, sus palabras son votos que ahondan más que cualquier promesa formal hecha en un templo. La «mente de no saber», subyacente y fortalecedora de los Tres Tesoros, mantiene la inspiración y rectitud de Ruiyan (Zuigan). De hecho, existe el riesgo de difamar los

Tres Tesoros al refugiarse en ellos. Como dijo Wumen (Mumon): «Si tan solo pronuncias el nombre de Buda, deberías enjuagarte la boca durante tres días. Si eres un individuo así y escuchas que alguien dice: 'Esta mente es Buda', deberías cubrirte los oídos y salir corriendo de la habitación».[9]

Lo anterior no es una licencia para el rechazo secular de una ceremonia, sino el peso para equilibrar el *Madhyamika*. El profesor D. T. Suzuki solía decir: «El Buda no es el Buda, por lo tanto, se llama Buda», como una paráfrasis del *Sutra del Diamante*.

> Zhaozhou (Joshu) se dirigió a su asamblea diciendo: «No me gusta oír la palabra 'Buda'».
>
> Un monje preguntó: «Entonces, ¿cómo es que su Reverencia enseña a los demás?»
>
> Zhaozhou (Joshu) repuso: «Buda. Buda».[10]

«Cuando te encuentres con el Buda, mata al Buda»: hay que matar ese pensamiento controlador[11]. Pero el Buda es también nuestro preciado maestro, sin quien y sin el que nuestra práctica sería estéril. Así son todos los arquetipos y las metáforas. Si no puedo decir «dulce», no puedo hablar de la miel; si no puedo decir «rojo», no puedo describir al volcán Kilauea al hacer erupción por la noche. Pero «dulce» y «rojo» pueden convertirse en entidades y, de esta manera, controlarnos. «Dulce» evoca a «sentimental» y «rojo» a «comunista»; entonces, las palabras nos utilizan.

Hace poco, durante una reunión de budistas de distintas denominaciones celebrada en Koko An, alguien preguntó, refiriéndose al Bodhidharma de nuestro altar: «¿Podrías decir: 'Santo *Dharma*'?» Contesté: «No», y como mi interlocutor era japonés, ofrecí el título japonés: «Daruma Daishi» –Gran maestro (Bodhi) *Dharma*». El interrogante pregunta queda: ¿Existe una diferencia entre «Santo» y «Gran maestro»? Santa María se encuentra en el cielo y escucha con compasión nuestras plegarias, dándoles respuesta en nuestros corazones. ¿Dónde está Bodhidharma? Creo que no podría asegurar que se encuentra en el «Cielo». Y me atrevería a decir que habla desde, y no para o dentro de nuestros corazones. En realidad, la diferencia estriba en las actitudes religiosas y culturales. También es posible aseverar que Santa María es nuestra verdadera naturaleza y que Bodhidharma responde a nuestras necesidades más íntimas.

Bodhidharma dijo:

> «La naturaleza propia es sutil y misteriosa. En el dominio del Uno, llamamos Precepto de no difamar los Tres Tesoros a no albergar conceptos dualistas de seres comunes y sabios».

Si tu morada son realmente los Tres Tesoros, si los tomas y disfrutas con ellos al recitar *sutras*, comer cereales y charlar con tus amigos, entonces no hay nada que puedas llamar común, nada que puedas llamar sagaz. Cuando tienes hambre, comes; cuando estás cansado, duermes la siesta.

¿Cuál es la diferencia entre un camino semejante y el sendero de quien inconscientemente proyecta un *karma* pasado al pegar a sus hijos y emborracharse, quien también come cuando está hambriento y duerme al estar cansado? La diferencia radica en aceptar los preceptos del *Bodhisattva* como propios o no aceptarlos.

La práctica del cumplimiento de los Tres Refugios revela que no hay nada fuera de la naturaleza búdica. Podríamos decir que el que pega a sus hijos y se emborracha no confía en su naturaleza búdica. La violación del Precepto ocurre cuando el individuo niega su unidad con la naturaleza búdica y se sitúa por encima o por debajo de algún parámetro. Las personas que sufren por los prejuicios sociales, como los

Harijan en la India, los *Burakumin* en Japón, los negros en los Estados Unidos y Sudáfrica, o los convictos en cualquier cultura, pueden tomar la budeidad como algo personal sin consciencia alguna de inferioridad. Un filántropo tiene la posibilidad de refugiarse en los Tres Tesoros sin pensar en la generosidad.

En esto consiste la práctica. Solo conocemos a Bodhidharma como un anciano iluminado, pero también realizó una intensa práctica durante toda su vida, de eso podemos estar seguros. En su juventud no logró expresar con palabras la sabiduría como lo hizo después de su llegada a China. Compartimos las tribulaciones juveniles de Bodhidharma durante nuestros años de inmadurez y nos inspiramos en su gran enseñanza madura.

Al mismo tiempo, debemos ser cuidadosos. El anciano Bodhidharma no puede ponerse en los altares. No existe un ser común o sabio, no hay dirigente y seguidor, no hay Roshi y estudiante. No difamar los Tres Tesoros es cuestión de encontrarlos en tu mente-corazón. El Roshi debe estar preparado para escuchar que le llamen varón machista. El estudiante tiene que encontrarse dispuesto a escuchar cosas igualmente desagradables. De esta forma, todos practicamos la expresión abierta en la *Diamond Sangha* durante los talleres de comunicación, las reuniones para compartir, las sesiones de crítica entre hombres y mujeres, y las decisiones de negocios tomadas en consenso.

Yo trabajo en el taller, puliendo las Tres Joyas. Tú trabajas en el mismo taller, puliendo las mismas Tres Joyas. Este es el trabajo más importante del mundo.

Dogen Zenji dijo:

> «El *teisho* del cuerpo real es el puerto y la presa. Esto es lo más importante en el mundo. Su virtud encuentra hogar en el océano de la naturaleza esencial. Se encuen-

tra más allá de toda explicación. Nos limitamos a aceptarla con respeto y gratitud».

Aquí vemos a Dogen Zenji en su postura más difícil. Al decir: «el *teisho* del cuerpo real» indica el camino del *Bodhisattva*, algo que no debe tomarse a la ligera y no debe quedar fijo en palabras impresas. La vida del propio Buda, la maravilla de como son las cosas –los ríos, los árboles, los animales, las personas y la identidad del *Tathagata* con el acto de levantarse y ponerse la ropa, todo esto queda enfocado como el sermón del cuerpo real–, el puerto y la presa, donde se reúnen los barcos, donde se juntan los peces. No existe nada más importante.

«Su virtud encuentra hogar en el océano de la naturaleza esencial». Esto es, por ejemplo, el acto de encontrar refugio al acostarnos a dormir. El capítulo de «La conducta pura» del *Sutra* de Hau-yen ofrece esta *gatha* para recitarla al final del día:

> Cuando es hora de detenerse y dormir,
> voto, con todos los seres,
> encontrar un retiro pacífico
> y un corazón que no esté perturbado.[12]

El océano de la naturaleza esencial es la naturaleza de Buda que se extiende a través de todo el universo, con todas y cada una de las cosas totalmente vacías. Hago votos de encarnar esa tranquilidad. ¿Cómo? Bien, para empezar, trato de recitar esa *gatha* a la hora de acostarme. Esto es un buen sitio para comenzar.

«Se encuentra más allá de toda explicación». El *Dharma* es incomparablemente profundo y extremadamente sutil. Cuando decimos que es una presentación de todas las posibilidades de la naturaleza esencial en absoluta floración, en íntima interacción, donde cada ser se refleja e interpenetra a la perfección con todos los demás, solo ofrecemos una explicación. El *Dharma* no es filosofía.

«Nos limitamos a aceptarlo con respeto y gratitud». La *Sangha* es la armonía y, de hecho, la identidad de todos los seres y su *karma* con el Buda absoluto e inmóvil. Me inclino con gratitud. No hay más que decir.

Comer la culpa

> Un día en el monasterio de Fugai Ekun las ceremonias demoraron la preparación de la comida y, cuando terminaron, el monje tomó su hoz y reunió deprisa las verduras de la huerta. Con las prisas, cortó una parte de una serpiente y, sin darse cuenta de lo que hacía, echó el trozo en el caldero con las verduras.
> Durante la comida los monjes se dijeron que jamás habían probado una sopa tan deliciosa como esa, pero el mismo Roshi encontró algo asombroso en ella. Mandó llamar al cocinero, le mostró la cabeza de la serpiente y preguntó: «¿Qué es esto?»
> El cocinero tomó el bocado, diciendo: «Oh, gracias, Roshi», y se lo comió de inmediato.[1]

Este es uno de los muchos *mondos* en la literatura Zen que nos enseña a utilizar un desafío y a no dejar que este nos utilice de una manera común. ¿Cuál habría sido una respuesta ordinaria? «Oh, las ceremonias se prolongan tanto que tuve que correr para preparar la cena. No me di cuenta de que tenía parte de una serpiente en la sopa. Por favor, perdóneme».

Una contestación pobre, desde luego. Pero el cocinero de nuestra historia no tenía nada que defender. Ni por un momento consideró el desafío del Roshi como una acusación, sino que aprovechó la situación desde ese punto y dio a todos un magnífico *teisho*.

¿Cómo enfrentas un desafío? Tienes dos opciones. Una, defenderte y la otra, bailar. Existen muchas clases de defensa: acusar al otro, ofrecer excusas o, simplemente, permanecer en silencio. En cualquier caso, defenderse no es bailar. No hay *teisho*: o sea, no hay presentación del caso, ni enseñanza.

También tenemos muchas clases de danzas diferentes. En ocasiones, como en este caso, se presenta la oportunidad de hacer que desaparezca por completo la situación; en otras, es posible empaquetar el problema y devolverlo. A veces una risa es suficiente. Podemos estar seguros de que este *mondo* terminó con una carcajada. Otras veces la danza puede ser una pregunta: «¿Qué opinas?» o «¿Cómo solucionarías tú el asunto?»

Jingqing (Kyosei) preguntó a un monje:

–¿Qué es ese sonido de afuera?

El monje respondió:

–El sonido de la lluvia al caer.

Jingqing (Kyosei) dijo:

–La gente común está cabeza abajo, cayendo en el engaño sobre sí misma y buscando los objetos externos.

El monje preguntó:

–¿Cómo resolverías tú la situación, Reverencia?

Jingqing (Kyosei) repuso:

–Estoy a punto de caer en el engaño sobre mí mismo.

El monje inquirió:

–¿Qué significa: 'a punto de caer en el engaño sobre ti mismo?'

Jingqing (Kyosei) contestó:

–Quizá no sea muy difícil alcanzar el mundo del vacío, pero sí lo es expresar la esencia desnuda[2].

El monje no tenía la menor idea de lo que Jingqing (Kyosei) decía, pero bailó muy bien, llevando a Jingqing (Kyosei) más allá. Otra persona se habría sentido intimidada y respondido de manera defensiva a la primera admonición de Jingqing (Kyosei) y, así, todos nos hubiésemos visto privados del *teisho*. Además, como se ve, el monje, respondió una segunda vez. Yasutani Roshi solía decir: «Siempre debéis preguntar», lo que implicaba: «Hablad cuando las cosas no queden claras y haced que os las aclaren».

La disposición al baile supone la liberación del *karma*. En una ocasión, cuando dudé sobre lo que diría a la gente respecto a mi religión, pregunté a R. H. Blyth qué diría si alguien le preguntase si era budista. Él respondió: «Diría: 'Lo soy si no lo eres'». Muy agudo, pero me parece también muy defensivo. La otra persona queda derrotada y ese no es el objetivo de la danza.

La liberación del *karma* no significa que logre trascender causa y efecto. Significa un reconocimiento de que mis percepciones son vacías y no tengo deseos de mantener el baluarte del ego intacto. ¿Camina un desconocido entre las paredes en ruinas? ¡Bienvenido, forastero! ¿Qué te parece si bailamos?

La disponibilidad a bailar es la disposición a aprender, es la apertura al crecimiento.

Danxia (Tanka) preguntó a un monje:

–¿De dónde has venido?

El monje repuso:

–De la falda de la montaña.

Danxia (Tanka) inquirió:

–¿Ya has comido tu arroz?

El monje contestó:

–Sí, lo he comido ya.

Danxia (Tanka) cuestionó entonces:

–¿Qué clase de hombre te daría arroz para que comieses? ¿Tenía el ojo abierto?

El monje no respondió.

Después, Ch'ang-ching dijo a Baofu (Hofuku):

–No hay duda de que nuestro papel es recompensar a los Budas y maestros Ancestrales dando comida a las personas. ¿Cómo es posible que el que sirvió arroz no tuviese ojos?

Baofu (Hofuku) respondió:

–El servidor y el que recibe son ciegos.

Ch'ang-ching preguntó:

–¿Aquel que realiza el mayor esfuerzo caritativo, está ciego?

Baofu (Hofuku) contestó:

–¿Me llamas ciego?[3]

«¿Me llamas ciego?» ¡Una respuesta terrible! Pero es la clase de respuesta que solemos dar ante un desafío. ¿Qué es lo que entorpece la danza? ¡Yo! ¡Yo! ¡Yo! No debes llamarme ciego; eso es un insulto. No voy a tolerarlo.

¿Qué es lo que no tolerará? Sabéis, todos los *skandhas* están vacíos; todas las percepciones están vacías. Vacío, pero no vacío. ¿Cuál es la forma de ese vacío? Bien, eso podría ser una danza en respuesta a la última pregunta de Ch'ang-ching: «¿Aquel que realiza el mayor esfuerzo caritativo, no obstante, está ciego?» ¿Qué responderías tú? Yuanwu (Engo), editor de *La Pared Rocosa de Jaspe* (*Acantilado Azul*), ofrece una respuesta personal: «¡Ciego!», contestó Yuanwu (Engo)[4]. Me parece una buena contestación.

El bailarín es quien se olvida de sí en el baile. «¿Me llamas ciego?» es una respuesta muy centrada en el sí mismo. Baofu (Hofuku) llegó a convertirse en un gran maestro, pero en ese momento estaba inmaduro. Estaba apegado a sí mismo.

Cuando participé en el programa *Upward Bound* de la Universidad de Hawai, traté de hacer que los estudiantes de secundaria y preparatoria interpretaran papeles de las novelas que estaban leyendo en ese momento. A pesar de la tarea de preparar sus papeles, se plantaron en el frente de la habitación y leyeron de sus libros, sin entonación alguna: '¿Adónde vas?', preguntó él».

No habían aprendido a liberarse de sí mismos; no sabían unirse con la situación que enfrentaban. Consideremos a Marcel Marceau, el gran mimo francés. No existe un Marceau al que veamos, solo un hombre que vuela cometas, solo alguien que atrapa mariposas, un prisionero entre paredes que se cierran. El mimo baila con las circunstancias, olvidándose de sí.

Mirad que cuando Marceau se olvida de sí se convierte en un ser único. No hay otro como él en todo el universo. Pero si nos defendemos nos volvemos comunes, en nada distintos de los demás.

Uno de mis colegas comentó en cierta ocasión: «Cuando recibo a un estudiante en *dokusan*, recibo a mi maestro». ¿Qué pasa en *dokusan*? Los dos nos olvidamos de nosotros; al menos, eso espero que suceda. Si no sabes, dirás: «No sé». Si yo no lo sé, diré lo mismo. A veces los estudiantes me hacen ver aspectos de un *koan* que antes no había percibido. A veces la gente me indica métodos que pueden hacer de mí un maestro más eficaz, y esto es de gran ayuda para mí. ¿Qué tengo que proteger?

> Yunyan (Ungan) barría el suelo. Daowu (Dogo) dijo:
>
> –Trabajas duro, ¿verdad?
>
> Yunyan (Ungan) contestó:
>
> –Debes saber que hay alguien que no trabaja duro.
>
> Daowu (Dogo) inquirió:

–¿Es cierto? ¿Quieres decir que hay una segunda luna?

Yunyan (Ungan) levantó su escoba y preguntó:

–¿Cuántas lunas es esto?

Daowu (Dogo) no dijo nada.[5]

Estos dos hermanos del *Dharma*, que además eran hermanos biológicos, lanzaron entre sí con alegría la pelota de la sabiduría. Estaban presentando el *Dharma*, cada uno a su vez. Cuando terminó el *mondo*, Daowu (Dogo) no dijo nada más, pero ¡cómo debieron sonreír los dos mirándose!

Contrastemos esta clase de confrontación con las más frecuentes. El drama se prolonga cada vez más: «Él dijo esto, y yo aquello. Debí decir esto otro, y entonces él habría dicho esto, y entonces yo habría dicho...» ¡Basta! No existe final para tal confrontación.

Este es el problema de la actitud defensiva. No tiene fin. Sin embargo, a la larga, en la cámara de oxígeno no existe defensa alguna. Todos sabemos esto en lo más profundo y tenemos miedo. Por eso evitamos el reconocimiento tanto tiempo como sea posible. Pero, en realidad, no hay que defender, nada que proteger; nada de qué depender.

Guishan (Isan) preguntó a Yangshan (Kyozan):

–Vamos a suponer que alguien te pregunta: «¿Qué dirías de alguien que dice que todos los seres están en una consciencia kármica desordenada y carecen de una base en la cual apoyarse?» ¿Cómo tratarías a una persona así?

Yangshan (Kyozan) repuso:

–Si tal persona apareciera, la llamaría. Cuando volviese la cabeza, de inmediato diría: «¿Qué es eso?». Aguardaría mientras él vacila, y luego le diría: «No solo hay una conciencia kármica desordenada, pero ninguna base en la que apoyarse».

Guishan (Isan) dijo:

–Ah, bien[6].

Esta es la gran broma del Zen. La gran broma del universo. No existe absoluto alguno, y eso es el absoluto. La iluminación es práctica, como dijo Dogen Zenji[7]. Y, ¿qué es la práctica? Seguir con ella. Cuando uno defiende, obstruye la práctica, pero cuando uno baila, está siguiéndola.

La ligereza y la pesantez forman el contraste que encontramos entre los que bailan y quienes están preocupados consigo mismos. La ligereza aparece con la experiencia de que nuestro centro es el gran vacío mismo. Este es el sitio de la gran paz. Como el Buda que emerge de debajo del árbol Bodhi, uno emerge de la experiencia del vacío puro hacia la *Sangha*, hacia la danza del *samsara*.

La *Sangha* es el tesoro del Tao del Buda, tan valiosa como la iluminación y la verdad. Cantar y bailar son la voz del *Dharma*; cocinar y atender el jardín son la voz del Buda. La *Sangha* es el complemento de la unidad y la diversidad, del vacío y la forma. La *Sangha* es la historia del Buda, vivida en nuestro trabajo conjunto.

El ideal de la *Sangha* es nuestra guía a través de las complejidades de las personas relacionadas entre sí. Cada persona es diferente y por eso se presentarán malentendidos. Con nuestra realización del vacío puro, sintiendo que nada tiene importancia en realidad, encontramos la verdadera devoción porque ya no tenemos que preocuparnos por nosotros. El gran potencial del *Dharmakaya* se convierte en nuestra gran acción sin contrariedad. Las diferencias se convierten en configuraciones que podemos utilizar y así tenemos la capacidad de enfocar nuestra energía colectiva en la tarea. Vamos a seguir con ello.

Un comentario sobre el *samu*

La mayor parte de los centros Zen occidentales utilizan la palabra sinojaponesa *samu* y, por lo que sé, solo se utiliza una vez en la literatura Zen de lengua inglesa: en el *Unsui*, de Sato y de Nishimura, donde aparece representada de manera divertida con un subtítulo bastante inadecuado[1]. ¡La teoría no se ha equiparado aún a la práctica en el budismo occidental! El análisis del término y su uso tradicional puede esclarecer la función del *samu* al estudiante Zen occidental.

La etimología de *samu* (en chino: *tso-wu*) es muy interesante. Es un vocablo compuesto por dos caracteres: *sa*, que significa «trabajo, producción, labranza o cosecha», y *mu*, cuyo significado primario es: «dedicar atención a», y la acepción derivada: «servicio, deber y ocupación». Este segundo rasgo también significa «servicio budista», en el sentido del «servicio del *sutra*» (la ocupación de monjes y monjas, por decirlo así).

Cuando recordamos la etimología de *kinhin* (caminar del sutra), resulta evidente que *samu* puede interpretarse como «servicio del trabajo» o «*sutras* del trabajo». Es la actividad o función de la devoción religiosa en el trabajo.

Esta interpretación es compatible con la importancia que las tradiciones monásticas, china y japonesa, han depositado en el *samu*. La colección de *koan*, *Kosoku Zenshu Zemon Koan Taikan,* dedica toda una sección al *samu* y presenta una lista de más de doscientos casos pertinentes[2]. Aunque el profesor D. T. Suzuki no analiza el término sinojaponés (lo traduce como labor o trabajo), dedica todo un capítulo a este tema en *The Training of the Zen Buddhist Monk*[3], y varias páginas más en su ensayo *La Sala de Meditación*, que aparece en *Ensayos sobre budismo Zen* (primera serie)[4].

Al parecer, *samu*, como término y práctica, tiene su origen en China. El profesor Hajime Nakamura, en su *Bukkyogo Daijiten*[5], no ofrece ninguna derivación sánscrita del término, y Suzuki observa que una característica distintiva del Zen chino es el trabajo como parte del entrenamiento monástico[6]. La primera referencia que he podido encontrar acerca del *samu* se halla en el *Sutra del Estrado*. Después de que Huineng (Eno) tuviese su primera entrevista con Hongren (Gunin), y antes de que fuese asignado al cobertizo donde se limpiaba el arroz, «fue enviado a hacer *samu* con la asamblea»[7].

Por ello, podemos suponer que el término y la práctica ya existían un siglo antes de Pai-chang, cuya máxima: «Un día sin *samu* es un día sin comer», es básica en la enseñanza Zen[8]. De hecho, en tiempos de Hongren (Gunin), el budismo chino no estaba bien diferenciado en sectas, y es posible que *samu* no haya tenido un origen propiamente en el Zen. No estoy seguro de esto.

De cualquier manera, Pai-chang, uno de los primeros maestros ancestrales en confirmar el monasterio Zen como tal, también es reverenciado como fundador de *samu*. Dogen Zenji escribe:

> «En la vida de Baizhang (Hyakujo) no hubo un solo día... desde el momento en que se convirtió en asistente de Mazu (Baso) hasta la noche de su muerte, en que no trabajase para servir a la gente y para servir a su asamblea. Para nuestra gratitud dejó las palabras: 'un día sin *samu* es un día sin comer'.
>
> Baizhang (Hyakujo) Ch'an-shin estaba en el extremo de la vejez y, en ocasiones de *samu* de 'todos invitados'

en los que todos los asistentes trabajaban con fuerza,la asamblea sentía dolor y pesar de que su maestro quedase incluido en los grupos de trabajo. Al fin, en una ocasión de *samu*, unos monjes ocultaron sus herramientas y se negaron a entregárselas. Ese día, Baizhang (Hyakujo) no comió como compensación por no haber utilizado el azadón y el cubo de bambú. Dijo entonces: 'Un día sin *samu* es un día sin comer'.

Ahora, estas palabras llegan a nosotros desde la Tierra de la Gran Paz, y la tradición interior de los templos Rinzai y todos los templos Zen en todas partes, es ejercitar la función de la profunda sabiduría de Baizhang (Hyakujo)».[9]

Entiendo que esta profunda sabiduría tiene varias implicaciones que se entrecruzan, tanto en la Historia como para nosotros en la actualidad. En tiempos remotos de China, *samu* era el trabajo de sostener el monasterio, así como un servicio de *Sutra* con azadón y hoz. Después de la época T'ang, la mendicación, la reunión de fondos a gran escala y la renta de tierras tenían una mayor importancia económica que el *samu*, pero no se perdió la importancia religiosa del trabajo y, aún en el periodo Sung, se consideraba que el *samu* era uno de los cuatro elementos principales de la práctica Zen, junto con el *zazen*, el *teisho* y el *dokusan*[10]. Dogen Zenji, en el siglo XIII en Japón, escribió mucho acerca de su importancia y el *samu* sigue siendo una parte integral del programa monástico actual.

Sin *samu* el budismo Zen sería un culto aislado de la vida diaria. *Samu* es la extensión de los servicios de *sutra* prestados al jardín, es la extensión de la meditación a esa función. Se trata de una práctica del *Bodhisattva* dentro del templo mismo, y para los estudiantes laicos, *samu* también es trabajo de *Bodhisattva* en el mundo. Suzuki cita al maestro Eckhart: «Lo que un hombre toma en la contemplación, lo da en amor». Suzuki prosigue con la siguiente observación:

> «El Zen diría: 'lo da en trabajo', implicando que este es la actualización concreta del amor. Tauler convirtió el hilado, la fabricación de zapatos y otros deberes hogareños, en dones del Espíritu Santo. El hermano Lawrence convirtió el acto de cocinar en sacramento.
>
> George Herbert escribió: 'Quien barre un cuarto con vuestras leyes hace bueno esto y la acción'».[11]

¿Cómo es posible que esta tradición del trabajo como actualización del amor dé frutos en nuestra *Sangha* occidental? No podemos dar frutos cortando nuestras raíces, pero al mismo tiempo, nuestras circunstancias son muy distintas de las de los viejos monasterios donde los monjes comían, se bañaban, trabajaban, dormían, hacían *zazen* siempre juntos, e incluso iban al baño a una señal[12].

Como estudiantes Zen occidentales, observamos que nuestras responsabilidades del *samu* van más allá de las funciones tradicionales: cuidar de nuestros hogares así como de nuestros templos, tomar responsabilidades para la comunidad así como para los terrenos del templo. Pero podemos aprender de un término para el *samu*, *fushin* (del chino: *p'u-ch'ing*), que suele utilizarse cuando todos participan, como ocurre en los días de trabajo de nuestra *Sangha*. Suzuki escribe:

> «Hubo... un espíritu democrático que funcionó aquí. El término *p'u-ch'ing*, 'todos invitados', significa que cada miembro de la hermandad debe salir al campo... los más altos así como los inferiores en la jerarquía participan de la misma clase de trabajo».[13]

La palabra japonesa *fushin* significa «construcción» en el lenguaje secular, en el sentido de edificar una casa. Sin embargo, su origen es el término Zen que significa: «todos invitados a participar del esfuerzo cooperativo»[14]. Antiguamente la construcción representaba, sin duda, esa labor comunitaria.

Las culturas china y occidental son similares en el énfasis que ponen en el trabajo, así que al atender nuestras necesidades y las de los demás, obtenemos inspiración de Pai-chang, en vez de buscarla en los mendigos del budismo hindú de los primeros tiempos[15]. De hecho, las reformas del budismo Zen implicadas en su desplazamiento a Occidente pueden considerarse como un paso hacia una mayor independencia económica y responsabilidad social de la *Sangha* búdica. La dependencia de sí y el servicio de la comunidad son virtudes positivas de la tradición occidental y, por tanto, el *samu* cotidiano para residentes y nuestros días de trabajo periódico de la *Sangha*, tienen su fundamento para todos los miembros en raíces tanto orientales como occidentales.

En el Zendo Koko An hemos realizado experimentos con el *samu* comunitario. Durante el periodo de entrenamiento de 1983, los residentes trabajaron durante tres horas todos los días en organizaciones dedicadas al bienestar y al cambio social. Dos personas trabajaron en una misión en los barrios bajos, dos más en un hospicio, dos con nativos de Hawai, uno en un jardín botánico, y así sucesivamente. Volvieron al centro con sus experiencias y las compartieron en reuniones organizadas para analizar la forma en que puede aplicarse la práctica a la vida diaria. *Samu* es *zazen* dedicado al trabajo del mundo. Nosotros establecemos el *Bodhimanda*, el lugar del Tao, al sentarnos en la comunidad y al trabajar juntos dentro de la comunidad de nuestro templo y en el mundo. Transmitimos el *Dharma* de nuestros maestros fundadores, no solo a nosotros mismos, sino también a los estudiantes

Zen del futuro y a todos los seres. Tal es nuestra dedicación del *sutra* a los Budas a través del espacio y el tiempo. Este es el tesoro de la *Sangha*.

El yo

Con el Buda tenemos afinidad directa;
con el Buda tenemos afinidad indirecta;
afinidad con el Buda, el Dharma, la Sangha,
realizando eternidad, alegría, el yo y la pureza.

ENMEI JIKKU KANNON GYO[1]

Estos versos proceden del *Sutra de Kannon de la Vida Eterna,* de diez versos. Quiero tomar la palabra «yo» en el contexto de este *sutra*, pero antes diré algo acerca de dicho contexto.

«Eternidad» no se refiere al tiempo sin principio ni fin, sino al gran vacío intemporal del cual estamos formados. Es otra palabra para hablar del *nirvana* –no se trata de algo que podamos conquistar o alcanzar, sino el vacío fundamental, potente que conforma nuestra naturaleza esencial. «Alegría» es una palabra que también puede traducirse como «bienestar», lo que implica descanso y paz.

Tenemos afinidad directa con el Buda, el *Dharma* y la *Sangha*, de la misma manera que el árbol tiene afinidad con su semilla anterior. Tenemos afinidad indirecta como el árbol la tiene con la tierra, el aire, la luz del sol y la lluvia. En esta relación kármica encontramos eternidad, alegría, pureza y el yo auténtico. ¿Qué hace aquí el yo?

D. T. Suzuki traduce «yo» en este *sutra* como «autonomía»[2]. Esto es adecuado, pero tal vez solo represente un aspecto de su significado absoluto. Con la experiencia de iluminación, el individuo se yergue resuelto y solo en el universo, pero también se yergue en comunión con el universo. «Autonomía» aclara el aspecto de estar solo, pero no la implicación de la interpenetración.

Cuando era más joven creí que tenía que deshacerme de mi yo, y ahora en ocasiones conozco personas que cometen el mismo error. Me parece que es imposible desembarazarse del yo, ni siquiera mediante el suicidio, y el esfuerzo es una negación del Tao búdico. Lo que buscamos, como ha dicho Yamada Roshi, es olvidar el yo en el acto de unirnos con algo.

El yo que se olvida es el yo autónomo que es uno con todas las cosas, no el yo que de alguna manera queda eliminado. ¿Cómo olvidar el yo? En un acto, en una tarea. No nos olvidamos tratando de olvidarnos. Cuando nos encontramos absortos en una lectura, las palabras aparecen en la mente como si fuesen nuestros pensamientos. Cuando quedamos absortos en *Mu*, entonces *Mu* respira *Mu* y la fragancia del incienso se encuentra sentada en los cojines. El sonido de los árboles en el viento pasea en *kinhin* entre periodos de *zazen*. El ladrido de un perro se postra ante el altar; sin embargo, esto son solo los actos de un Stephen o una Linda.

Entonces, ¿cuál es el papel del motivo? El motivo es lo que nos coloca en posición de darnos cuenta de que el ave canora canta con mi propia voz. Por una parte, el *zazen* es pleno y completo en sí mismo. Por la otra, es un proceso paulatino, una maduración. Nos olvidamos de nosotros al ir con este proceso, como los surfistas se olvidan de sí al dirigir sus tablas ante una ola. El motivo y la experiencia están absortos en el acto, en los cojines o en el mundo, y cualesquiera que fuesen el análisis y el pensamiento conceptual que ocurrieron antes, en este momento se encuentran integrados por completo en la pureza del acto.

El Buda y todos sus sucesores nos previenen contra las estructuras intelectuales que nos confinan a un ambiente artificial y contra los conceptos que emborronan el hecho vi-

viente de las cosas en sí mismas. Debemos olvidar incluso la idea del Buda, «El Buda no es el Buda, por tanto, es llamado Buda»[3]. Por tanto es llamado Buda; aquí no hablo del personaje histórico.

El nombre «Buda» puede ser muy útil para demostrar algo durante la enseñanza, pero solo puede ofrecerse a alguien que no esté controlado por el concepto. Así, podemos decir: el amante no es un amante, por tanto, es llamado amante; el curandero no es un curandero, por tanto, es llamado curandero.

La tarea es el acto: encarar *Mu*, arreglar el techo, secar la taza o desarrollar una idea. Cuando nos perdemos en el acto, la taza se seca sola, el martillo se mueve por sí mismo, la idea es avasalladora; y en lo tocante a *Mu*, a la hora de acostarse él o ella se tiende en posición horizontal.

El paralelo cristiano de la enseñanza Zen sobre el olvido del yo puede encontrarse en la doctrina de la obediencia. El maestro Eckhart inicia así la primera de sus *Charlas de instrucción*:

> «La obediencia verdadera y perfecta es una virtud que está por encima de todas las virtudes. Sin ella, ninguna gran tarea puede realizarse».[4]

Debemos entender el término «obediencia» de la manera como comprendemos al Buda. Podemos llamar obediencia al acto, únicamente cuando no es obediencia.

> Zhong Guoshi (Chu Kokushi) llamó tres veces a su asistente, y tres veces respondió este. Kuo-shih dijo: «Creí que yo era desagradecido contigo, pero ahora veo que tú eres desagradecido conmigo».[5]

Aquí, «agradecido» y «desagradecido» no se utilizan de la forma acostumbrada, y su utilización forma un *koan* que todos debemos abordar en nuestros estudios. Para cumplir con nuestro objetivo, el punto es el claro «eco» del asistente a la llamada de su maestro. Esto es obediencia pura, una vez más no en el sentido acostumbrado. El asistente estaba por completo abierto y, por tanto, en absoluta armonía con su maestro.

Esta es precisamente la obediencia de Lingyun (Reiun) a la imagen de lejanos capullos de melocotón. Su poema revela la importancia de su experiencia:

> Durante treinta años busqué a un experto espadachín.
> ¡Cuántas veces cayeron las hojas, cuántas veces florecieron las ramas!
> Pero desde el instante en que vi florecer los capullos del melocotonero,
> desde ese momento no he tenido dudas.[6]

Durante el último *sesshin* que tuvimos en el antiguo Zendo Koko An en Kuliouou, Oahu, Nakagawa Soen Roshi gritó: «¡Katsu!», en el *dojo*. Lo hizo así: «¡Kaaatsu!», y descubrí que mi voz se unía a la de él: «¡Aaaah!» Fue total obediencia.

El vocablo «obediencia» lleva consigo una gran carga asociativa en nuestra cultura, aunque supongo que sucede lo mismo en las demás. El maestro de religión creativo busca palabras y las utiliza de una manera novedosa para comunicar significados que no son los acostumbrados. Dogen *Zenji* es un maestro en el arte de tomar palabras. He aquí su exposición del yo y su función:

> «Cuando el yo avanza y confirma la miríada de cosas, eso se llama engaño.

> Cuando la miríada de cosas avanza y confirma al yo, eso es la iluminación».[7]

«Avanzar» y «confirmar» no se utilizan de manera convencional en estas frases, mas el significado no puede expresarse de manera convencional. El punto es que si Lingyun (Reiun) hubiese comprobado que los capullos del melocotonero eran los más hermosos de toda China, habría dominado estas flores colocándolas en una categoría conceptual. Esto se llama engaño. Sin embargo, con su espíritu de obediencia él mismo se encontraba vacío, abierto al delicado y sutil dominio de las flores. Ellas avanzaron y lo confirmaron a él. Fueron las chispas que encendieron su vela del *Dharma*.

«Confirmar» se traduce como *sho* en sinojaponés, lo que significa, literalmente, «probar», como aparece en el término *inka shomei*, la prueba del sello de transmisión que el Roshi da a su sucesor. Lingyun (Reiun) fue confirmado como sucesor del *Dharma* de esas flores del melocotonero. Así, con su uso creativo de las palabras, libres de la carga conceptual, Dogen Zenji esclarece la ubicación fundamental de la autoridad y la verdadera naturaleza del yo. Si queremos encontrar nuestra libertad debemos obedecer sus enseñanzas.

El yo es vacío y obedece pero, ¿a qué obedece? Podríamos decir que el yo tiene que obedecer a su propia luz. Estaría de acuerdo, igual que Yun-men. Mirad de nuevo en su *teisho* sobre la luz:

> Yunmen (Unmon) dijo a su asamblea: «Cada uno de vosotros tiene su luz propia. Si queréis verla, no podréis. La oscuridad es oscura, oscura. Ahora, ¿qué es tu luz?» Respondiendo por sus oyentes, agregó: «¡El almacén! ¡La puerta!»[8]

El almacén, la puerta, son las chispas que encienden nuestra vela del *Dharma*, pero solo tendrán esta función cuando confiemos en nosotros y nuestro entorno, como confiaba en sí el asistente que respondió al llamado de Zhong Guoshi (Chu Kokushi). Puedo imaginar una situación en la que alguien llame y permanezcamos en silencio, o incluso nos escondamos. También eso es obediencia, pues estaríamos respondiendo verdaderamente a la situación y, sin egoísmo, diríamos, de hecho: «No tengo cabida aquí».

Por tanto, la conclusión es que todo lugar es un *dojo*, aunque algunos lo sean de forma más evidente. La práctica del yo como eternidad, alegría y pureza requiere de un sitio eterno, feliz y puro. El templo budista es más confiable en este sentido que una carnicería. Pero no ha logrado esta condición solo con su diseño arquitectónico. La *Sangha* de agentes motivados de realización crea, poco a poco, el verdadero *dojo*.

«Dojo» significa «lugar del Tao» y, en este caso, «Tao», significa iluminación. El término «*dojo*» es una traducción de «*Bodimanda*», el sitio bajo el árbol Bodhi donde Buda tuvo su gran *kensho*. Él creó su *Bodimanda*, y nosotros creamos el nuestro.

Además, el *dojo* es un sitio verdadero de iluminación sin la presencia del maestro. En Oregón visité un *dojo* que llevaba siete años establecido y yo fui el primer maestro que asistía a él. Pero sin la *Sangha* solo hay suelo, paredes y techo, un caparazón sin una criatura que lo habite.

El *Sutra del Corazón* dice que los *skandhas* que conforman el yo están vacíos. El *dojo* está compuesto de «yoes» autónomos y vacíos que viven por *Prajnaparamita* y unos son el perfecto eco de los otros. Esto es la obediencia en su implicación fundamental, y nuestra práctica debe ser caer juntos en la cuenta de esta implicación.

La búsqueda de la mente

Panshan (Banzan) dio palabras de instrucción, diciendo: «No hay ningún Dharma en los Tres Mundos. ¿Dónde buscaremos la mente?»[1]

Podemos interpretar los Tres Mundos de diferentes maneras, por ejemplo: los mundos del deseo, la forma y la no forma; la codicia, el odio y la ignorancia; el pasado, el presente y el futuro. En todo esto, como dijo Panshan (Banzan), no hay *Dharmas*, no existen fenómenos; no hay nada en absoluto en todos ellos. Y el maestro agrega: «¿Dónde buscaremos la mente?» Eso es el *koan* del presente caso y nos muestra cómo debemos vivir en la vacuidad de los fenómenos, incluyendo el yo, incluyendo la gran mente del cosmos.

En una ocasión, Dom Aelred Graham visitó a Kobori Nanrei Roshi en Kyoto mientras recopilaba el material para su libro *Conversations: Christian and Buddhist*. El escritor mostró a su anfitrión una caligrafía en la que Alan Watts había escrito los ideogramas: «Forma es vacío», y pidió a Kobori Roshi que explicase su significado.

El Roshi respondió: «Desconozco el significado. Está tomado de las escrituras, es una frase muy famosa»[2].

Al parecer, Dom Aelred no entendió estas palabras, pues cambió de tema y procedió a exponer el propósito de su visita, que era iluminar a la cristiandad con introspecciones budistas. Pero Kobori Roshi ya había lanzado un gran rayo de luz a su diligente visitante en forma de una respuesta directa a su pregunta. Al explicar su necesidad de esa luz, Dom Aelred no se percató de lo que sucedía.

Panshan (Banzan) y el *Sutra del Corazón* dicen que la forma es vacío. ¿Qué significa eso? Kobori Roshi dijo: «No lo sé; es algo tomado de un antiguo *sutra*». ¿Acaso ese es el significado?

> Cuando el emperador Wu de Liang (Bu de Ryo), preguntó a Bodhidharma: «¿Cuál es el primer principio de la Santa Enseñanza?», Bodhidharma contestó: «El inmenso vacío; nada sagrado». Esto se parece mucho a la respuesta que dio Jesús al gobernador romano. Pilatos le preguntó: «¿Qué es la verdad?», y Jesús no dijo nada. Ese silencio es inmenso e insondable.
>
> El emperador acosó más a Bodhidharma y preguntó: «¿Quién eres tú, de pie, delante de mí?» En otras palabras: «Si la Sagrada Enseñanza está vacía, ¿qué eres tú, con tus finos ropajes, tu venerable edad y tu distinguida reputación de maestro budista?»
>
> Bodhidharma respondió: «No lo sé»[3].

Quiero preguntaros: ¿Existe alguna diferencia entre la respuesta de Bodhidharma y la de Kobori Roshi? Las dos contestaciones «No lo sé», fueron una respuesta a una interrogante sobre el vacío.

Pero, ¿en qué parte de este vacío debemos buscar la mente? Si imitamos a Bodhidharma y decimos: «No lo sé», solo nos habremos puesto su cabeza sobre la nuestra. O si creamos alguna forma de comparación religiosa entre Bodhidharma y Jesús, podríamos decir algo interesante pero no sería nada que os ayudara.

El objetivo de todo esto es ayudaros. ¿Cómo podemos entender que codicia, odio e ignorancia están vacíos? ¿Cómo podemos aplicar esta realización? El maestro Eckhart escribe:

> «¿Cómo es posible que pueda recibir consuelo quien tiene fija la atención en su pérdida y desgracia, en especial si sigue visualizándola, cavilando sobre ella, con los ojos llenos de dolor, hablando con su pérdida como si fuesen dos personas que se miran a las caras?»[4]

Por desgracia, el maestro Eckhart adopta luego una postura relativa y dice que debemos cultivar el pensamiento positivo. Si tenemos cien dólares y perdemos cuarenta, deberíamos mirar los sesenta que nos quedan, en vez de los cuarenta perdidos. Esto no es lo mismo que nos dice Panshan (Banzan), pero tomándolo de forma aislada y fuera de contexto, las palabras del maestro Eckhart sobre la cavilación son muy instructivas. Todos creamos formas donde no las hay. ¡Es absurdo enfrentar una pérdida! La pérdida no está presente. Lo que hacemos es conjurar un fantasma y hablar con él.

Caer en la cuenta de que codicia, odio e ignorancia no están presentes, es una forma más profunda de resolver estos venenos que solo tratar de olvidarlos al contemplar su aspecto luminoso. En el budismo existen diez clases de paciencia, o resistencia, y *k'ung-jen* (*ku-nin*) es la mejor. Esta es la resistencia de quien reflexiona en su sufrimiento y sabe que está vacío. En este punto, la resistencia se convierte en un *samadhi* de fiesta y juega en el borde mismo del acantilado del nacimiento y la muerte.

La luminosidad y la viveza son características de la persona realizada, de quien realmente ha visto a través del sufrimiento personal, aunque también es posible que nos engañemos para adoptar un falso estado de transparencia en el primer nivel, por decirlo así, en tanto que el sótano permanece lleno de telarañas y basura. *Zazen* no es una solución rápida, y es posible alcanzar una realización superficial sin abrir las puertas del sótano. La madurez de la sabiduría del Buda es una labor de toda una vida, y puede requerir de asesoramiento psicológico o, por lo menos, de exposición a un consejo franco y amistoso durante ciertos momentos difíciles. Es importante permanecer sensibles a los consejos que recibimos, porque la insensibilidad para retroalimentar equivale al orgullo espiritual, la peor de todas las neurosis, algo de lo que nos han advertido todos los maestros verdaderos. Y en todo, la práctica de la ligereza y el buen humor nos ayudarán a seguir en la dirección correcta.

Hace poco tuve la oportunidad de interrogar a un psiquiatra sobre lo que opinaba del feminismo. El profesional repuso: «El feminismo es bueno, si no se toma demasiado en serio». Tal vez esto os parezca una actitud de superioridad, y quizás en este caso sus palabras llevaban consigo ese significado oculto. Pero si se toman por separado, fuera del contexto particular, podemos ver la verdad de las palabras mismas. Supongamos que alguien dijera: «Las mujeres no son iguales a los hombres. ¿Puedes nombrar a una sola mujer que haya sido una gran filósofa?» ¿Contestarían: «Bien, tenemos el caso de Suzane Langer?» En ese caso, sin duda se iniciaría una acalorada discusión sobre los méritos de Suzanne Langer. Cuánto mejor no sería reír en su cara y decir: «Caramba, ¡cómo ha sufrido la raza humana gracias a la filosofía! Deberías alegrarte de que las mujeres hayan sido lo bastante sabias como para no meterse en eso». La actitud del hombre machista es ridícula, bastante risible, y merece una broma como respuesta, un comentario gracioso que ponga de relieve lo absurdo de su postura.

En una ocasión, en nuestro campo de concentración, cuando la guerra comenzaba a pintar mal para los japoneses, el guardia principal dijo a nuestro dirigente del campo que si Japón perdía la guerra, todos seríamos fusilados. Al enterarnos de esto nos deprimimos, presos de una profunda compasión de nosotros mismos. Uno de los hombres, un bufón irresistible, entró en el cuarto donde estaba sentado con otros y dijo en voz alta: «Eh, chicos, ¿ya se enteraron de la noticia? El guardia principal dice que si Japón pierde la guerra nos fusilarán a todos».

Ninguno respondió, pero todos tuvimos el ferviente deseo de que se callara. Sin embargo, el bufón tenía que demostrar algo: «Les diré una cosa, muchachos –continuó, bajando la voz de manera dramática–, en cien años, esto no tendrá importancia alguna».

Lamento confesar que no pudimos reírnos. Me pregunto cómo habríamos respondido si hubiese dicho: «Cielos, el ruido será fabuloso; somos ciento setenta y cinco, ¡bang-bang-bang-bang-bang!» Tal vez alguien se hubiese levantado para darle una paliza. Pero en realidad el ruido habría sido estupendo, como un día podría serlo el de una bomba nuclear.

Hace poco, los miembros de Koko An se unieron a la Sociedad de Paz de Hawai y otras organizaciones para repartir folletos entre los trabajadores y militares de West Loch, puerta de entrada de Pearl Harbor, donde el gobierno almacena armas nucleares. El tono de esos folletos es ligero y lleno de humor. Hace falta humor para lograr la realización y la comunicación.

Todo esto se relaciona con nuestra práctica en el *dojo*. Thich Nhat Hanh dice que debemos sentarnos con una media sonrisa[5]. En la Academia del Arte de Honolulu hay una cabeza de un Buda de la dinastía del Noroeste de Wei, cuyos labios se encuentran curvados en una sonrisa beatífica. Todos deberíais verla. Cuando hacéis vuestra práctica con terrible severidad, ponéis un suelo bajo vuestra meditación y os quedáis allí firmemente, soportando el peso de vuestro *Mu*.

Así no es el verdadero *zazen*. El *bodimanda* del Buda se halla completamente vacío. Esto es como una broma –la estructura común de las cosas queda destrozada–. Llevad vuestro *Mu* con ligereza, eso dijo Nakagawa Soen Roshi. Cuando estáis ligeros, vivaces y abiertos, estáis en contacto con la ligereza, la vivacidad y la apertura de la naturaleza propia. Recuerdo la forma en que Kawano Sokan Roshi se despidió de nuestra figura de Bodhidharma, tras su visita a nuestro centro en Honolulu. Llevaba la maleta en una mano y levantó la otra en un medio *gassho*, como imitando un saludo militar; fue el ademán más airoso que puedan imaginarse.

Los monjes de los monasterios japoneses creen que no deben reír durante el *teisho*. Se supone que deben estar en *zazen*, escuchando las palabras del *Tathagata*. Pero cuando Yamamoto Gempo Roshi ofrecía un *teisho*, la asamblea no dejaba de reír por sus incesantes chistes, contados con el acento de su país, utilizando imágenes de campesinos y metáforas que nos bañaban a todos con el barro esencial de los campos de arroz.

En los viejos tiempos de Koko An, nuestro *teisho* favorito de Soen Roshi era el caso veintiuno del *Wumen Guan* (*Mumonkan*), el *chien shih chueh de* Yunmen (Unmon), conocido por los estudiantes occidentales en la versión japonesa, *kanshiketsu* –«palo de excremento seco». Se han presentado varias traducciones eufemistas para *kanshiketsu*, como «papel higiénico», «limpiador de basura seca», y demás, pero la referencia es a un palo de madera suave que se utilizaba con la misma finalidad que las mazorcas que colgaban de las paredes de las letrinas norteamericanas hace cien años.

Un monje preguntó a Yunmen (Unmon):

–¿Qué es el Buda?

Yunmen (Unmon) dijo:

–Un palo de excremento seco.[6]

Soen Roshi siempre se aseguró de que su pronunciación no provocase confusiones, pues no podía emitir sonidos diferentes en inglés, para *sit* (sentarse) y *shit* (excremento). Solía deletrear con gran cuidado: «S-H-I-T, ¿entendéis?», y entonces hacía un gesto muy gráfico bajo su trasero.

Luego relataba una historia escatológica tras otra, incluyendo la de un gran maestro del norte de Japón, famoso por su maravillosa precisión mental y su creativo sentido de la ceremonia. Un día, en la época de más frío invernal, el asistente se asomó al *o-benjo*, o «lugar de conveniencia» de su maestro, y se sintió muy impresionado al ver una maravillosa escultura de excremento: una columna congelada, luego una hoja de papel higiénico y, encima de este, otra columna congelada con otra hoja de papel higiénico, y así sucesivamente, elevándose como una delicada torre desde el fondo del pozo. Una hermosa lección sobre el ritual *benjo*.

Soen Roshi explicó el asunto de la misma manera en que lo hizo Kobori Roshi. Demostró el acto mismo despojado de todos los conceptos de religión, como Panshan (Banzan) nos desafía a hacerlo. En este universo vacío, ¿dónde buscaremos la mente?

Hacer que se manifieste la mente

No te apegues a los colores para que la mente se manifieste; no te apegues al sonido, al olor, al gusto o al tacto para que la mente se manifieste; no mores en ninguna parte y la mente se manifestará.

SUTRA DEL DIAMANTE[1]

Para el budista, la claridad no es claridad ni confusión y, por tanto, utilizar la lógica que se encuentra en el *Sutra del Diamante* es considerado claridad. En otras palabras, existe una experiencia que denominamos claridad, que no pertenece a la dimensión relativa de la claridad, lo opuesto a la confusión. La pureza no es pureza ni mácula, y se llama pureza. El Buda nos insta a hacer que se manifieste (literalmente, dar a luz) la mente clara y pura que no depende de los objetos que se perciben con los sentidos.

Vivir de algo, apegarse a algo, es distinto a obtener sustento de algo. Por supuesto, obtenemos sustento de los objetos de nuestros sentidos: nuestra comida, nuestras amistades, nuestros libros y discos. Pero, ¿de qué vivimos? Si miráis detenidamente, ¿encontráis algo? Aunque esta es solo una prueba preliminar, el vacío que una persona no entrenada percibe a primera vista, es el mismo vacío del que habló el Buda. Pero el Buda habló desde las profundidades más profundas del mar inmenso de vacío. Todos cometemos errores simplistas o absolutistas, a menos que nos encontremos en esas profundidades.

¿Cómo podemos profundizar? No apegándonos a los objetos sensibles, tal como nos dice el Buda. Otros maestros nos enseñaron lo mismo, por ejemplo, el maestro Eckhart:

> «El alma... debe mantenerse absolutamente pura y vivir de una manera noble, muy recogida y vuelta hacia el interior, en vez de perseguir a la multiplicidad de las criaturas a través de los cinco sentidos».[2]

Por tanto, es una cuestión de práctica cultivar lo que los cistercienses denominan «el espíritu del silencio». «Perseguir a través de los cinco sentidos» es la costumbre de hacer un comentario para todo: «El gato apareció». «El cartero llegó tarde». Todo recibe un comentario cuando nos apegamos a las cosas. El maestro Eckhart dice:

> «Si pudieses de repente perder la consciencia de todas las cosas, lograrías el olvido de tu propio cuerpo».[3]

No interpreten mal: esto no es negar el cuerpo. Muchas personas aseguran que debemos desembarazarnos del yo, deshacernos de todos nuestros deseos. Pero podemos estar seguros de que el maestro Eckhart tenía un poderoso sentido de quién era, y de que comía y dormía como cualquiera. Olvidar de repente el cuerpo significa, para mí, «el cuerpo y la mente caídos», según la descripción que Dogen Zenji hace de la «Gran Muerte»[4]. Esto es, al mismo tiempo, «el cuerpo y la mente caídos», la gran carrera de predicador del maestro Eckhart, los maravillosos escritos de Dogen Zenji y el acto de contestar el teléfono con una absoluta dedicación a quien llama: «olvidar el yo en el acto de unirse con algo»[5].

Esto es zazen y la vida cotidiana del estudiante Zen. En tu cojín, *Mu* respira tranquilamente y no existe persecución alguna a través de los cinco sentidos. El yo olvidado emerge, se pone en pie y se viste, y aun así no se queda ahí.

Bankei Yotaku Zenji creció en las enseñanzas de Confucio y durante su juventud se sintió confundido por el término confuciano «virtud brillante». No pudo encontrar a ningún maestro que se lo explicase. Finalmente, un maestro sugirió que analizara el término dentro de la práctica Zen, así que abrazó el *zazen* con resolución, con lo que casi arruinó su salud. Finalmente, al encontrarse sentado en absoluto silencio, la palabra «no-nacido» emergió en su mente. Esta era su Virtud brillante y, a partir de entonces, en su larga carrera enseñó la meditación sobre lo no-nacido y manifestó lo no-nacido en la vida diaria[6].

El maestro Eckhart parafrasea un pasaje del *Libro de la Sabiduría*: «En medio del silencio, se pronunció en mi interior una palabra secreta»[7]. Las explicaciones teológicas sugieren que Dios hace emerger a su Hijo, o que la naturaleza búdica hace emerger la iluminación, pero la teología no tiene entrañas y no puede dormir ni despertar. El maestro Eckhart se refiere a la experiencia humana.

Sin embargo, el silencio, lo no-nacido, no es de este mundo. Según el Evangelio Gnóstico de Tomás, Jesús dijo:

> «Cuando hagas uno de los dos, y cuando hagas que el interior sea como el exterior y el exterior como el interior y lo de arriba como lo de abajo, y cuando hagas del hombre y la mujer uno y lo mismo... entonces entrarás (en el Reino)».[8]

Esto es el «ninguna parte» del *Sutra del Diamante*. Utilizar esa mente es cuestión de vivir lo no-nacido. Lo no-nacido, la mente que no se apega a los fenómenos, es lo que experimenta el interior y el exterior, lo de arriba y lo de abajo, y el hombre y la mujer. Bankei Zenji dijo:

> «Todos miran hacia aquí y me escuchan hablar, mientras se preguntan: '¿Qué dirá Bankei?' Estáis concentrados en escuchar y, de esta manera, ninguno tiene la intención de oír el sonido de un cuervo o un gorrión a sus espaldas. El motivo por el que oís las cosas sin error y distinguís con claridad los diversos sonidos que ocurren... es que escucháis conforme a la mente búdica no-nacida».[9]

Escuchar de acuerdo con lo no-nacido, construir un tabique mediante medidas, cortes y martilleos, enfocar solo en *Mu* durante el *zazen*, ¿acaso no son estos actos que hacen emerger la mente de ninguna parte? ¿Cuál es el problema?

El problema es que la gente no reconoce que el cuerpo es el *dojo*; nuestra mente es el *dojo*. Suponen que el *dojo* es una determinada habitación en la cual se inclinan antes de entrar o salir. Cuando trasladamos el Zendo de Maui y las instalaciones originales se convirtieron en la residencia de los Aitken, las personas seguían inclinándose por costumbre al entrar en lo que fuera el *dojo*. Pero cada habitación es un *dojo*. Observemos al monje o monja japonés que entra en vuestro hogar por primera vez. Vacilan un momento en el umbral, como si se inclinasen.

El problema es que la gente trata el Zen como si fuese un pasatiempo. Puedo percibir esta tendencia hasta cierto grado en los centros Zen laicos de Japón, así como en los de Occidente. El ambiente que impera mientras hacen *zazen* es vasto e insondable. El ambiente en otros sitios, y también bajo ciertas circunstancias, puede parecer a veces también enorme e insondable, pero en otros lugares y momentos se vuelve limitado. ¿Por qué? Esto sucede cuando la reverencia ante la entrada del *dojo* es solo la apariencia de la práctica Zen.

En Japón se dice que un maestro de té enseña el té aun en el baño. Dogen Zenji entrenó a sus monjes en la práctica del *zazen* en todo momento; en el baño, al lavarse los dientes, al usar el inodoro... todo acto es *zazen*. Compuso dos *gathas* que los monjes debían recitar ante de cepillarse los dientes: una destinada a la obtención de la pureza, y la otra para tener los dientes tan fuertes que pudieran roer todos los engaños[10]. En todos los monasterios Zen, los monjes se inclinan antes de bañarse hacia el suelo ante el altar del baño. Después de bañarse vuelven a postrarse. Antes de usar el inodoro, se inclinan ante la deidad subterránea que devora el excremento, y, después de usarlo, vuelven a inclinarse ante ella.

En sus indicaciones para el *tenzo*, o cocinero del monasterio, Dogen Zenji le insta a cuidar de las verduras y los granos que utilizarán en las comidas, «como si fuesen sus ojos». Citó a un antiguo maestro: «Cuando cueces arroz, debes considerar el perol como tu propia cabeza. Cuando lavas arroz, debes saber que el agua es tu propia vida». Y prosigue así:

> «Si esto aún no está claro para ti, se debe a que tu pensamiento corre como un caballo salvaje y tu emoción salta por doquier como un mono en el bosque. Cuando permitas que el mono y el caballo retrocedan y reflexionen en sí mismos, la unidad de todas las cosas se realizará de forma natural. Toma una hoja de verdura y conviértela en un cuerpo búdico de dieciséis pies de altura; toma un cuerpo búdico de dieciséis pies de altura y conviértelo en una hoja de verdura».[11]

Para nosotros, los laicos que vivimos en una sociedad industrial y adquisitiva, las advertencias de Dogen Zenji pueden resultar muy distantes y confusas; muy aceptables para un monasterio de hace siete siglos en las montañas de la prefectura de Fukui, pero difíciles de aplicar a personas que viven en la espesura de la explotación. ¿Cómo evitar que el Zen se convierta en un pasatiempo cuando es tan diferente del mundo que nos rodea?

Con excepción de Vimalakirti, el laico Pang (Ho), y algunos otros que no hicieron más que confirmar la regla, nuestros ancestros en el *Dharma* no intentaron vivir en el mundo. Debemos encontrar nuestro propio método, a menos que decidamos establecer regímenes monásticos. Personalmente, creo que tenemos tres opciones:

La primera es ejercer una actividad en las artes, en la enseñanza, en una profesión de ayuda, o en un negocio que satisfaga una necesidad humana elemental, a la vez que participemos en un programa de *zendo* y contribuyamos en todo lo posible a su dirección, apoyo y sostenimiento. Esto es el modelo Zendo Sanun, que está bien establecido en Kamakura.

La segunda es un programa de servicio en la *Sangha*, basado económicamente en el trabajo parcial de sus miembros. Este es el modelo del trabajador católico, y en la *Diamond Sangha* lo hemos mezclado con el modelo del Zendo Sanun. Varias personas dedican su tiempo libre a las publicaciones de la *Sangha* y al trabajo comunitario voluntario, así como a conservar el templo.

La tercera es un negocio de la *Sangha*, una empresa que tenga integridad ecológica y satisfaga una necesidad de la comunidad general. Esto implicaría un grupo central de trabajadores que sacrifiquen carreras mejor remuneradas por un estilo de vida más creativo que también sirva para sostener el *zendo*. Por supuesto, el trabajo en el jardín del templo o en el mantenimiento del mismo formaría parte del programa. Los centros Zen de San Francisco y Los Ángeles han experimentado con esta vía.

Las posibilidades antes expuestas podrían combinarse en un mismo *zendo*, pero todas ellas requieren de un centro y una *Sangha* dedicados. Es difícil seguir al Buda o cualquier sendero religioso sin una comunidad. Las presiones de nuestro ambicioso mundo tienden a aislar al individuo sincero, y el aislamiento es la muerte. Incluso Thoreau tenía sillas para posibles invitados. Robinson Crusoe debía hablar con parientes y amigos en su imaginación. Tu *zendo* quizá solo sea un rincón del dormitorio, donde tu cónyuge y tú podáis sentaros mañana y noche. O tal vez sea la sala de un amigo donde podáis sentaros dos o tres veces a la semana. Pero a falta de una comunidad religiosa, una comunidad seglar la puede sustituir.

Desde luego, las diversas opciones de comunidades religiosas no son suficientes por sí mismas. Podrían convertirnos en practicantes de un culto, o dirigirnos de vuelta hacia el cauce de los Tres Venenos, a menos que participemos del estado de no-consciencia de Eckhart, con la ausencia del lugar del Buda, con el inmenso vacío de Bodhidharma, con lo Uno enseñado por Jesús. Tenemos que interrumpir el sendero de la mente para estar recogidos y no dispersarnos a través de los cinco sentidos.

No morando en nada, en lugar de apegarnos al color, al sonido, al olor, al gusto y al tacto, permitimos que la mente se manifieste. Y en una *Sangha* donde existe confianza mutua, encontramos medios útiles para hacer que emerja esa mente de manera constante y firme en medio de un mundo venenoso.

La mente de trébol

El ermitaño del Pico de Loto levantó su bastón ante la asamblea y preguntó: «Cuando los Antiguos alcanzaron esto, ¿por qué no permanecieron allí?»
La asamblea guardó silencio.
Respondiendo por sus oyentes, agregó:
«Porque no tiene poder para guiar».[1]

El original dice: «Porque no tienen poder para el sendero de otros». Este caso, el número veinticinco de la *Colección de la Pared Rocosa de Jaspe* (Acantilado Azul), es un *koan* de los muchos en nuestro estudio que resalta la importancia de salir de debajo de la sombra del árbol Bodhi y responder a los demás.

Cuando el ermitaño levantó su bastón ante la asamblea, ¿qué hizo? ¡Solo eso! Al igual que Fu Dashi (Fu Daishi), cuando golpeó el atril para exponer el *Sutra del Diamante*[2], el ermitaño de Pico de Loto mostraba el *Dharma*, el cuerpo de la ley, puro y claro, que se manifiesta como todas las cosas.

Su pregunta era: «Cuando los Antiguos alcanzaron la realización del *Dharma* puro y claro, ¿por qué no se quedaron en ese hermoso lugar de paz absoluta que penetra todo, hasta llegar al *parinirvana*?» Cuando el Buda recibió la confirmación de la estrella de la mañana, ¿por qué buscó a sus cinco discípulos? Cuando Mahakasyapa fue confirmado por el Buda en la montaña *Grdhrakuta*, ¿por qué quiso convertirse también en maestro? Y cuando Dogen Zenji experimentó su cuerpo y su mente caídos, ¿por qué se molestó en regresar a Japón?»

La realización: «¡solo esto!» liberó a estas personas honorables de la preocupación de sí mismas y les reveló su unidad con todos los seres. Pero no podemos detenernos aquí. La satisfacción de nuestra experiencia de sufrimiento, de nuestra compasión, es cuestión de participar de las penas de todos los seres.

Así, el ermitaño continúa con su *teisho*, sigue mostrando su bastón y pregunta: «Después de todo, ¿qué es esto?» Nadie le responde, y él agrega: «Sosteniendo mi bastón contra mi nuca, ir a los mil, diez mil picos»[3]. La miriada de picos no representa las montañas del aislamiento, sino los picos y valles de nuestras vidas. El ermitaño recorrió estos picos sintiéndose bastante a gusto consigo, y podemos estar seguros de que dirigió a todos los que encontraba en su camino con la misma libertad y generosidad con la que guió a su asamblea en el ejemplo presentado aquí.

Del mismo modo, nuestra tarea es responder con generosidad a los demás. Podemos tomar como modelos no solo a Sakyamuni, el ermitaño, y otros grandes maestros del *Dharma*, sino a seres tan humildes como la hierba y los arbustos. Los seres del mundo de las plantas guían a los demás con cada fibra de su ser y perpetúan las especies iniciando algunas nuevas si lo permiten las circunstancias y comunicando su vitalidad al suelo, las aguas, el aire, los insectos, los animales y las personas. En la cultura occidental decimos que esto es la Madre Naturaleza. En el budismo decimos que esto es el *Sambhogakaya*, el cuerpo de la *Red de Indra*, la armonía de la simbiosis universal. El *Sambhogakaya* es también nuestra forma de realizar y actualizar esta unidad.

¿Cómo actualizamos la unidad con todos los seres? Mediante la responsabilidad, la capacidad para responder, como sucede con el trébol. Cuando cortamos el trébol, sus raíces mueren y liberan nitrógeno, y así se enriquece el suelo. Los gusanos de tierra abundan en el rico suelo y depositan más nutrientes. Nuevas semillas caen, echan raíces, maduran y alimentan a otros organismos.

El trébol no piensa en la responsabilidad, y tampoco lo hizo Sakyamuni. Se limitó a levantarse simplemente de su asiento y salir en busca de sus amigos. El trébol solo echa sus raíces y ofrece sus hojas y flores.

En esencia, el no pensamiento del trébol y el no pensamiento de Sakyamuni son lo mismo. Ambos emergen y su respuesta a las circunstancias es ofrecer alimento. El no pensamiento emerge aquí como el trébol, allí como Sakyamuni. La naturaleza única, universal, aparece así en el mundo. Aquí identificamos al trébol y allí a Sakyamuni, y reconocemos que los dos son desde luego muy distintos: el trébol produce polen para las abejas sin pensarlo; Sakyamuni hace girar una flor ante su asamblea sin pensar. Pero el trébol no es capaz de llamar a una reunión, y Sakyamuni no puede metabolizar los nutrientes directamente de la tierra.

El trébol es incapaz de no nutrir; no puede hacer otra cosa más que nutrir. Sakyamuni es capaz de no nutrir; con un pensamiento venenoso se vuelve una persona venenosa. Con un pensamiento iluminado, se convierte en una persona iluminada. Con su gran realización, difícilmente volverá a las costumbres venenosas, pero podría hacerlo porque es humano.

> «Todos los seres son el *Tathagata* –dijo Sakyamuni–, pero sus engaños y apegos les impiden atestiguar este hecho». ¿Qué son los engaños y apegos? Los pensamientos venenosos de codicia, odio e ignorancia; el veneno de no nutrir. ¿Qué son los pensamientos iluminados? Los compasivos, sufrir con otros en respuesta a los «sonidos del mundo».

Sakyamuni pasó por la metamorfosis del pensamiento centrado en sí mismo a la iluminación. Esta metamorfosis cumple con las posibilidades de la naturaleza esencial del ser humano, igual que la metamorfosis de una oruga a mariposa cumple con sus posibilidades de los lepidópteros.

¿Qué es la metamorfosis humana? Seré muy cuidadoso para especificar a qué me refiero. Con la iluminación uno no se convierte en otra cosa, como lo hace la oruga que cambia en su capullo y se convierte en mariposa; esta clase de analogía crea muchas dificultades para el estudiante de Zen, pues suele pensar: «Ah, si tuviera *kensho*, todos mis problemas quedarían resueltos».

Se equivoca. El ser humano no sufre una metamorfosis para convertirse en otra cosa. El *kensho* es un vistazo al interior de la naturaleza esencial, un vislumbre en el caso de una experiencia no muy profunda, una buena ojeada si es una experiencia más profunda. Pero la práctica continúa y, de hecho, empieza en ese punto de nuevo.

Sin embargo, la palabra «metamorfosis» tiene cierto valor en la descripción del proceso Zen. Al volver a iniciar la práctica aprendemos que, de alguna forma, hemos sido víctimas de nuestro pensamiento. Descubrimos el fondo original que subyace al pensamiento, la fuente de la respuesta. Al dar este paso, el ser humano no se convierte en un ángel, sino que se vuelve afín con el silencioso trébol. Nuestras metamorfosis, la mía y la tuya, no cambian nuestra forma, sino que permiten reconocer la antigua verdad de la no mente.

Todos los seres, piedras, nubes, árboles y animales (incluyendo a los humanos) emergen como no mente. Sin embargo, difieren de manera radical en su capacidad para responder. El trébol nutre a su ambiente y a sí mismo sin hacer distinciones. En ocasiones, el cerdo es hostil, y amistoso otras veces. El delfín rescata al marino que está a punto de ahogarse. ¿Dónde se encuentra el ser humano en esta trama?

Insatisfecho con su metamorfosis, el ser humano es un extraño que explota a los demás mediante el sexo, la raza, la clase, la nación y la especie. Satisfecho, realizará y actualizará la *Red de Indra*, en la que cada ser nutre y recibe nutrientes de todos los demás. La diferencia fundamental entre los senderos de explotación y nutrición queda clara en los versos de Dogen Zenji en el *Genjokoan*, que cité con anterioridad:

> Cuando el yo avanza y confirma la miríada de cosas, eso se llama engaño;
> Cuando la miríada de cosas avanza y confirma al yo, eso es iluminación.[4]

Cuando la nación-estado avanza y con su tecnología consume la totalidad de la Tierra, esto se llama engaño mortal. Cuando la soledad de las enredaderas, de los bosques de koa y los nevados volcanes avanza e inspira el corazón, esto es la budeidad.

Así, el sitio del hombre es una cuestión de elección. Podemos destruir el fondo genético de los organismos de la Tierra y eliminar las opciones, o podemos disciplinarnos y encontrar la fuente de la responsabilidad. Esa fuente es la mente de trébol. En ella recibimos nutrientes, allí nutrimos. Debemos establecernos allí, por lo menos una vez en la vida.

En la mente de trébol el sendero es claro. El yo y los demás son una mente (si lo preferís, llamadla no mente), la mente de «montañas, ríos y la gran Tierra, del sol, de la luna y de las estrellas»[5]. Esta es la mente que avanza como la canción del cardenal o el aroma del incienso, y confirma el yo esencial, a ti y a mí. Esta es la experiencia humana madura.

Aquí encontramos nuestro aspecto común con el cerdo en su estado más amistoso, y con el delfín que empuja hacia la playa al agotado nadador. Encontramos nuestra generalidad con el Buda que predica a sus amigos en Varanasi y con

Gyogi Bosatsu al cavar canales para los campesinos del antiguo Japón.

Podríais preguntar: ¿qué hay acerca de la «Naturaleza, roja de dientes y garras»? ¿También es eso el Tao? ¿Qué hay de: «Tigre, tigre que arde luminoso» de Blake? ¿Acaso la fiereza y la sed de sangre no son la mente, igual que las montañas y los ríos?

Por supuesto. La simbiosis universal implica la asimilación constante de unos seres por otros. El torrente sanguíneo del cuerpo es un sistema similar en miniatura. Tal vez alguien considere que un tigre es más violento que una pequeña célula blanca, pero en esencia los dos viven sus vidas en armonía con la interrelación mayor y dinámica del cosmos.

Además, podemos aprender del tigre. Primero, a pesar de su violencia, este animal no amenaza al ecosistema como lo hacen los humanos. Segundo, durante largos periodos de su vida el tigre se encuentra en reposo; mordisquea a su pareja, nutre a sus cachorros y duerme más que otras criaturas. A veces el tigre es violento, a veces se encuentra en reposo.

¿Cuál es la calidad de ese reposo? El animal se encuentra dispuesto a actuar, por supuesto, pero en esa disposición está completamente relajado. Reflexionemos en el reposo humano mientras miramos al tigre rendido, tan a gusto.

El ser humano que no ha evolucionado más allá del egoísmo, no encuentra reposo. En vez de ello, existe allí algo que el Buda llamó engaño y apego que permite la continuación de las emociones intensas. En su grado extremo, el apetito se convierte en ambición insaciable, la ira se vuelve odio incontenible y la imagen personal débil induce la creación de ardides defensivos. La mayoría somos más moderados, pero en cierto grado todos conocemos este flujo constante de pensamientos cargados de emoción y no hallamos paz, ni siquiera en el sueño.

¿Por qué la gente se ve afectada de esta forma? Esta es la pregunta central, la que el Buda planteó. Opino que el sufrimiento es un proceso; de igual manera que la oruga sufre un cambio, debemos pasarlo nosotros. El impulso que lleva a la oruga a salir para alimentarse de las hojas del hibisco es el mismo que la induce a tejer su capullo. El mismo impulso que da fuerza a los Tres Venenos en el ser humano madura en la realización de la mente.

Este es el impulso humano hacia la paz y la unidad, pero si no se entiende bien se volverá destructivo. Si un hombre es lo bastante tonto como para buscar sosiego en el alcohol, terminará sedándose, dañando su cuerpo y destruyendo la paz que pueda haber en su familia. Si busca la unidad con el universo a través de una corporación multinacional, la unidad que logre será la de su ambición con la de otros muchos hombres. La búsqueda de la paz y la unidad es la búsqueda de la realización del yo vacío e infinito y del universo vacío e infinito, libre de conceptos, donde todas las cosas aparecen como su propia razón[6].

La prolongada campaña para lograr esta realización recurre a la memoria racial del hombre que en su estado de evolución actual tiene una precisión enorme comparada con la de otros animales. Los genes que dan a los humanos el potencial para sus habilidades y la capacidad de comunicación son distintos de las cadenas de ADN que permiten que el castor construya una presa y anuncie el peligro con su cola. El castor debe seguir construyendo presas como lo ha hecho desde hace siglos; pero los seres humanos son capaces, gracias a la tecnología, de edificar presas con cada vez mayor refinamiento.

Esto crea problemas. Podemos destruir la Tierra con nuestras presas. Podemos aniquilar con nuestras bombas cuatro mil quinientos millones de años de Historia, y también extinguir el futuro de la Tierra, que se extiende ante nosotros con un potencial para existir durante un periodo casi interminable. No hay otro ser que pueda hacer esto.

Por ello tenemos la responsabilidad especial de completar la metamorfosis humana: llevar la mente de trébol a la consciencia. Al entrar en contacto con esta mente, emergemos como seres humanos maduros, cayendo en la cuenta de que todas las cosas son este mismo yo.

Tal realización no es débil. Puedo darme cuenta de que los demás no están separados de mí, pero si alguien muy poderoso y reaccionario me confronta, también sé muy bien que me considera su antagonista. Mi responsabilidad entonces es reconocer su fuerza dentro del marco que hemos establecido y utilizarla para comunicar el *Dharma*, igual que un experto en judo utiliza el impulso de su oponente. Esto es similar al *mondo*, al diálogo entre el maestro Zen y su alumno, e implica una especie de astucia divina en la interacción. Los participantes son individuos separados, pero al mismo tiempo son miembros de la misma sociedad de «la misma cavidad nasal», como lo expresa Nakagawa Soen Roshi.

Cuando los Tres Venenos tienen una importancia fundamental en nuestras mentes, este sentido de parentesco fundamental es solo una abstracción. Hace poco, dos hombres dieron vueltas alrededor de la Tierra durante una semana a una velocidad de circunnavegación de una órbita cada noventa minutos. Abarcaron el mundo entero varias veces, pero en lo alto del cielo sonaban en sus aparatos de música el himno de la Marina y el de la Fuerza Aérea de los Estados Unidos. En su acto de abarcar el mundo permanecieron encerrados en su grupo, clase y nación, negando así la *Red de Indra*.

Este entendimiento limitado llega a su extremo en la persona paranoica que dice: «Hay un comunista en ese sitio espiándome con prismáticos». Sin embargo, incluso las personas con relativa salud mental caen en el engaño y, así, tramamos nuestra defensa personal y dominamos a todos los seres con nuestras sofisticadas armas políticas, intelectuales, económicas y tecnológicas. Avanzamos y confirmamos las diez mil cosas y así damos cuerpo al engaño y llevamos al mundo a una crisis sin precedentes.

Como todas las instituciones humanas, como toda humanidad y toda vida, y todas las cosas inanimadas de nuestro mundo, el *Dharma* búdico es rehén de nuestra despiadada explotación del futuro. Ya no habrá un *Dharma* búdico cuando nuestra Tierra quede destruida por una guerra nuclear o un holocausto biológico.

Debemos ser muy claros en esto. Tenemos que distinguir entre el *Dharma* búdico, entendido como las enseñanzas budistas, y el *Dharmakaya,* como el cuerpo de la ley puro y claro. Wumen (Mumon) escribió:

> «Cuando el mundo esté destruido, ello no estará destruido»[7].

«Ello» es el *Dharmakaya*, el vacío infinito cargado de posibilidades. No ha nacido ni está destruido. Una vez, cuando planteé a Yamada Koun Roshi la posibilidad de la aniquilación nuclear, él respondió: «Bien, aun cuando toda la Tierra quedara destruida por completo, algo, no sé qué, emergerá de la naturaleza esencial».

Esto es cierto, y es el único consuelo. Pero durante la destrucción, el *Dharma* búdico, las enseñanzas del Buda y todos sus sucesores, se perderán. ¿Podéis escuchar las objeciones de Dogen Zenji? Yo sí.

Históricamente, la gente Zen nutrió a sus templos con *samu, sutras* de trabajo, mantenimiento de edificios y terrenos; sostuvieron su vida religiosa con *takuhatsu*, mostrando la vasija del Buda en los poblados, villas y ciudades, a la vez que aceptaban dinero y comida. Nosotros tenemos *samu* y *takuhatsu* en el trabajo de mantenimiento, en la recaudación de fondos y en las publicaciones de nuestros centros Zen occidentales, pero el sostenimiento en esta época de gran peligro implica nutrir el templo Tierra con el mismo planteamiento cuidadoso que dedicamos a nuestras tareas durante los días de trabajo de la *Sangha*. Mostrar la vasija del Buda debe ser un acto que comunique el *Dharma*, pero nuestros tiempos sin precedente exigen que presente en particular los Diez Preceptos. No hay pensamientos de muerte o robo en la mente original. Cuando realizamos juegos de conveniencia y compromiso, y alimentamos nuestras necesidades del ego a expensas de los demás, conservando nuestros parámetros de vida nacional a costa de otros países, estamos descuidando la ley del universo, y este encontrará su equilibrio pronto.

Emerger con el poder para guiar no significa para nosotros lo mismo que para el ermitaño del Pico de Loto. Tenemos la misma responsabilidad, la misma capacidad para responder como Bodhisattvas, pero nuestros *upayas*, nuestros medios compasivos, serán muy diferentes. En la actualidad, el *Dharma* búdico mismo debe separarse de su postura sectaria para demostrar a las personas en todas partes que la paz y la acción correcta, que ya conocen en lo más hondo de sus corazones, las que aprendieron en el seno de sus madres, son la enseñanza universal sin nombre que, por fin, puede dar decencia a nuestras relaciones.

La consecuencia es que los cristianos, judíos, hindúes, musulmanes y las otras creencias deben también separarse de sus patrones. *Los Estudios Tradicionales*, un campo del que A. K. Coomaraswamy fue pionero junto con Frithjof Schoun y otros, y que resalta la metafísica perenne utilizando metáforas de todas las regiones del mundo, es un tema que todos debemos analizar con detenimiento[8]. No existe una cosa llamada Zen, como siempre nos han dicho. Es decir, no existe algo fijo que pueda llamarse budismo Zen. En ese caso, no existe algo fijo que pueda llamarse una religión particular, y todos podemos aprender de los demás.

De la misma manera no existe un sistema cerrado que se llame psicología, y podemos utilizar los implementos psicológicos como reuniones para compartir y asesorar como nuestro propio *upaya*. Los valores de la cultura occidental como la igualdad humana y el respeto de por vida también pueden entrar en juego.

Tenemos que salvar al mundo, pero solo lo lograremos al salvar algunas pequeñas partes, cada uno utilizando su pequeña y particular habilidad. La tarea es clara y difícil. Primeramente debemos cambiar nuestras actitudes individuales centradas en nosotros mismos, y buscar nuestra naturaleza propia bajo la guía de un buen maestro. Después (es decir, al día siguiente de iniciar nuestra práctica), tenemos que empezar a aplicar nuestra comprensión en el mundo. Esto puede ser una vida abierta de servicio, como la enseñanza o el trabajo social, y puede ser el servicio sin etiqueta alguna, como la paternidad y el trabajo en una tienda. Por último (en el segundo día de la práctica), necesitamos unir nuestras cabezas y corazones con una energía sinérgica para aplicar el *Dharma* como *Sangha*.

Estoy harto de escuchar a gente que dice que la aplicación de la Enseñanza es una cuestión individual. Tal es la postura indiferente del que no toma en serio los Votos del *Bodhisattva*. Si deseamos salvar a todos los seres, podemos hacerlo con eficacia y eficiencia, juntos, paso a paso, colaborando en una red... trabajando en la *Red de Indra*.

La estrella de la mañana

Cuando el Buda declaró que todos los seres tenían la sabiduría y virtud del *Tathagata*, acababa de levantar la mirada para contemplar la estrella de la mañana[1]. ¿Qué relación tiene Venus en el cielo oriental, justo antes del alba, con esta declaración? ¿Cuáles son las implicaciones de esta relación para nosotros, como budistas?

La mayoría considera que la práctica del Zen es un proceso para purificar la mente humana y así alcanzar cierto estado donde una experiencia sensorial como mirar la estrella de la mañana o escuchar el golpe de una piedra contra una vara de bambú desencadenará la experiencia de iluminación. Este proceso de purificación implica el *zazen* y el resto del Óctuple Sendero; el pensamiento correcto, la acción correcta y demás. Cuando el individuo está preparado ocurrirá algo insignificante y entonces todo adquiere nueva claridad.

Podemos lograr esta impresión del proceso Zen a partir de la lectura del comentario de Wumen (Mumon) sobre el primer caso del *Wumen Guan* (Mumonkan). Si uno dedica toda su energía a *Mu*, interior y exterior se vuelven uno y, entonces, una chispa única enciende la vela del *Dharma*[2]. *El Canto en alabanza del Zazen*, de Hakuin Zenji, exalta el proceso sin mencionar la experiencia sensorial. En el individuo ocurre un cambio fundamental, una realización del mérito propio, y descubre entonces que el canto y el baile son la voz de la Ley[3].

Pero, ¿qué es lo que promueve el cambio? Opino que tendemos a ser egocéntricos en nuestra actitud hacia el *kensho* y a considerarlo en su totalidad como una culminación de un proceso humano. Entendemos este proceso de una manera psicológica, como si la naturaleza búdica fuese coextensiva de la naturaleza humana, y nuestra tarea es simplemente hacernos profundizar hasta el punto en que nos encontremos en contacto con nuestra esencia pura. Entonces, en ese punto, podremos reconocer todas las variedades de cosas nuevas e interesantes que hay en el universo.

En este enfoque egocéntrico de la práctica hay suficiente verdad para convencer al estudiante Zen de que esto resume el Tao búdico. Pero resulta similar a la concepción infantil de la procreación. Todos los hechos se hallan presentes, pero el adulto solo sonreirá ante la imagen simplista y mecánica que presentan. El amor, el placer, la satisfacción y el misterio se encuentran ausentes. ¿Qué falta en esta visión mecánica de la práctica Zen? Hace falta la estrella.

¿Qué es la estrella? Es un ser y, al igual que otros, emerge con la sabiduría y la virtud del *Tathagata*. Y al igual que otros seres, su belleza y misterio están oscurecidos por las limitaciones humanas impuestas por nosotros mismos. En *El mercader de Venecia*, Lorenzo dice a Jessica:

> «Mira la bóveda celeste
> tachonada de astros de oro.
> Ni aun el más pequeño deja de imitar
> en su armonioso movimiento el canto de los ángeles,
> uniendo su voz al coro de los querubines.
> Tal es la armonía de los seres inmortales;
> pero mientras nuestro espíritu esté preso en esta oscura cárcel,
> no la entiende ni percibe».
> Acto V, Escena 1

Lorenzo sugiere que mientras seamos mortales (¿egocéntricos?) no podremos escuchar la armonía de las esferas.

Pero, ¿cómo puede saberlo? Como comentó uno de mis amigos, es obvio que lo sabe y por eso sus palabras vibran con este conocimiento.

Cuando tenía entre once y doce años viví con mis abuelos en Mt. Hamilton, donde mi abuelo era astrónomo del Observatorio Lick. Los sábados por la noche invitaban al público de San José y de las zonas vecinas para utilizar los dos telescopios refractarios, el grande de treinta y seis pulgadas, y el más pequeño de doce pulgadas. En una determinada noche de sábado, el de treinta y seis pulgadas estaba enfocado hacia Saturno y el de doce hacia la Luna. Siempre había un astrónomo presente para explicar los aspectos científicos.

Yo también formaba parte del público espectador. Escuchaba con atención las explicaciones científicas, pero mi objetivo real era echar un vistazo por el telescopio para ver Saturno o la Luna, o algún otro cuerpo celeste. Nunca conté a nadie lo que sucedía en esas ocasiones. Creo que ni siquiera hablaba conmigo acerca de la sensación de encontrarme en el espacio. Solo sabía que me encantaban esas experiencias momentáneas y que aguardaba con emoción durante toda la semana la siguiente oportunidad.

Cuando crecí y leí a Dante, descubrí que otras personas también escuchaban música al contemplar las estrellas. Cuando aprendí que George Meredith se refería a ellas como «el cerebro del cielo», recordé con intensidad el asombro que experimenté en mi infancia al mirar por el ocular de un telescopio dirigido hacia el cielo nocturno[4].

Podrías decir, utilizando el lenguaje Zen, que experimenté «solo ese planeta» o «solo ese paisaje lunar». Sin embargo, aunque estaba enfocado en lo que veía, la experiencia misma fue expansiva y liberadora. Tuve una sensación de vastedad, me perdí en el universo.

Esta es una insinuación de la experiencia madura de la estrella, de la flor, de la lluvia en un tejado de hojalata.

Cuando el Buda hizo girar una flor ante su asamblea, Mahakashyapa sonrió. En ocasiones, en el cuarto del *dokusan*, un estudiante dice que Mahakashyapa experimentó solo esa flor, lo cual es correcto en su alcance, aunque no es suficiente. Wumen (Mumon), en el verso que incluye en este caso, hace un comentario: «Al sostener una flor, mostró la cola de la serpiente».[5]

O, como dijo Hsueh-tou en su introducción al *Caso Uno* de la *Colección de la Pared Rocosa de Jaspe (Acantilado Azul)*: «Cuando ves cuernos sobre un seto, sabes que allí hay un toro»[6]. Experimentar el objeto en sí mismo, la estrella, la flor, la cola o los cuernos, es la realización de la mente. Esta mente es la miríada de objetos y seres del universo y, cuando una cosa avanza y confirma al yo, todas las cosas se realizan.

¿Por qué? Porque, como dijo Huineng (Eno): «La naturaleza propia contiene las diez mil cosas»[7]. La naturaleza propia es la propia naturaleza verdadera. Es el gran vacío que no está en el interior o en el exterior, que está en ambos, interior y exterior; no es otra cosa que las personas, los edificios, los arbustos, los animales, las aves y demás.

Al recibir la confirmación de la estrella de la mañana, el Buda se sintió en su hogar original y pudo reconocer el hecho de que todas las cosas emergen con la sabiduría y la virtud del *Tathagata*. ¿Cómo ves aquí a Sakyamuni? ¿Cuál es la sabiduría del *Tathagata*? Como estudiante Zen, tu labor es desmitificar las arrogantes reclamaciones de la sabiduría del Buda y presentarla como es, con todo su milagroso poder, como tu propio cuerpo. ¿Cuál es la virtud del *Tathagata*? Una vez más, es importante esclarecer las maravillosas cualidades del Buda en la terraza del propio hogar.

Desmitificar no implica reducir la práctica a la manipulación personal y del ambiente. El enfoque mecánico del Zen, que coloca la función del *prajna* dentro del ser humano, tiene una relación estrecha con el enfoque egocéntrico y antropocéntrico del universo que da origen a la destrucción de la vida, a la exterminación de las especies vegetales y animales, a la supresión y explotación de la gente y a la terrible posibilidad de una guerra nuclear. Cuando todos estamos ocupados con nosotros mismos perdemos contacto con las cosas como son en realidad, con las maravillas de las estrellas y la hierba, y desahogamos nuestra codicia en el mundo hasta que nuestro aislamiento se convierte en una forma de vida. Entonces podemos pensar en el abandono de nuestro hogar terreno y la colonización del espacio, de la misma manera como nuestros antepasados colonizaron el Nuevo Mundo.

Cuando aprendía a leer, en mi infancia, me sentí fascinado por un horrible libro que contaba la historia de la colonización de Australia y el sureste de Asia, una obra que pertenecía a mi madre desde su infancia. El texto presentaba la concepción sangrienta y tradicional de principios de siglo de la carga del hombre blanco. Tenía grabados de nativos que enarbolaban amenazadoras armas y hacían carnicerías con los inocentes misioneros, y estas imágenes despertaban una lasciva excitación en mí mientras las contemplaba. También recuerdo haber experimentado cierto pesar ante una imagen de los colonizadores ingleses que perseguían a los nativos de Tasmania. Supe por el libro o por mi padre –que sabía mucho de esas cosas–, que todos los nativos de Tasmania fueron aniquilados a la larga, y que ahora los habitantes de la isla eran ingleses u otras personas de origen europeo.

Recuerdo haber pensado que no me gustaría vivir en un lugar donde no hubiese nativos. Entonces era demasiado joven para meditar en las implicaciones de esta idea; el hecho es que carecía de una consciencia nativa y, por tanto, buscaba dicha consciencia en los demás. De forma vaga percibía que, cuando la consciencia nativa es eliminada por completo de la Tierra, todos los demás quedan alienados. En aquella época no comprendía que los habitantes originales de mi propio Hawai habían sido aniquilados y explotados, y que muchas naciones de los Estados Unidos habían sido borradas del mapa, en tanto que muchas otras quedaban reducidas al extremo más ínfimo de la indignidad.

Los residentes de Hawai y Norteamérica vivimos en una colonia espacial, porque no podemos reconocer la estrella, la hierba *hila-hila* o el venado. Hemos olvidado (si alguna vez las conocimos) las enseñanzas del Hacedor de Paz, considerado el fundador de la Confederación Iroquesa, y las tradiciones dentro de cuyo marco se originó.

> «Nos enseñan que nuestra vida existe con el árbol de la vida, que nuestro bienestar depende del bienestar de la vida vegetal, que somos parientes cercanos de los seres de cuatro patas. En nuestras costumbres, la consciencia espiritual es la forma más elevada de la política... Creemos que todas las cosas vivas son seres espirituales. Los espíritus pueden expresarse como formas de energía manifestadas en la materia. Una hoja de hierba es una forma de energía manifestada en la materia; la materia de la hierba. El espíritu de la hierba es esa fuerza invisible que produce las especies de hierba, y se manifiesta ante nosotros en la forma de verdadera hierba».[8]

Este pasaje forma parte del *Discurso Haudenosaunee al Mundo Occidental*, presentado a las Naciones Unidas en Ginebra en 1977, y tiene una sorprendente similitud con la postura budista. En los escritos de Dogen Zenji leemos que todas las existencias son naturaleza búdica, y en los *teishos* de Yamada Roshi escuchamos el mismo hecho desde una perspectiva opuesta, que la naturaleza búdica es el infinito vacío lleno de posibilidades.

Fíjate que la declaración Haudenosaunee se inicia con las palabras: «Nos enseñan». ¿Cómo nos enseñan? Con la hierba misma, con la propia estrella. Por supuesto, los americanos nativos tienen formas de prepararse para tal experiencia, así como en el budismo Zen contamos con el *zazen*, el *dokusan*, el *teisho* y la vida de los Preceptos. Es de suma importancia aprender a concentrarse y a cultivar sensibilidad para las experiencias. Pero la experiencia misma no es solo un acto aislado de la adaptación humana personal. Después del *zazen* deberíamos salir y mirar el cielo.

Dogen Zenji esclarece este proceso en un famoso pasaje de su *Genjokoan*:

> «Estudiar el camino del Buda es estudiar el yo.
> Estudiar el yo es olvidar el yo.
> Olvidar el yo es ser iluminado por los diez mil *dharmas*».[9]

«*Dharmas*», en este caso, debe interpretarse como «fenómenos». Es la miríada de cosas del universo que te confirman a ti y también a mí. La sustancia fundamental es la naturaleza búdica. Los nativos americanos usan el término «Mente Buena» para lo que ellos perciben como fundamental. Para los budistas y los nativos americanos la naturaleza esencial penetra en todos los fenómenos: aquí en la forma de energía para ser una hoja de hierba, y allí con la forma de energía para ser una estrella.

Los nativos americanos, a través del ayuno, el aislamiento y los sueños, encuentran la unidad con el mundo. El estudiante Zen se sienta en la sala de Zen para practicar la concentración y la serenidad. Las diferencias entre los dos senderos y sus expresiones resultan claras y evidentes. Pero los dos reconocen la experiencia de la miriada de cosas que avanzan y confirman al yo humano.

Los nativos americanos modernos han edificado sobre los cimientos de su tradición, y pueden reconocer que la consciencia espiritual es la forma más elevada de política. Los budistas Zen de la actualidad apenas comienzan a salir de los muros del monasterio para reconocer el poder social de sus convicciones. En este proceso, los budistas podemos aprender mucho del Hacedor de Paz.

> «La 'rectitud' se refiere a algo parecido a la ideología común de las personas que utilizan las mentes más puras y desinteresadas. Ocurre cuando las personas crean una armonía de sus mentes y corazones con el flujo del universo y las intenciones de la Mente Buena... Los principios de la rectitud exigen que se eliminen todos los pensamientos de prejuicio, privilegio o superioridad, y que se dé reconocimiento a la realidad de que la creación está destinada al beneficio de todos por igual... las aves y animales, los árboles y los insectos, así como los humanos».[10]

Esto es un extracto del resumen de los principios del Hacedor de Paz, que forma parte de la Constitución de la Confederación Iroquesa. Estas palabras me recuerdan las amonestaciones sobre el tema de la igualdad, que Yamada Roshi nos repitió con frecuencia: debemos desembarazarnos de los abominables conceptos de persona superior e inferior, sabia y común, hombre y mujer.

Recuerdo también las palabras de Gary Snyder en *Buddhism and the Coming Revolution*:

> «La filosofía budista Avatamasaka [Huayuan (Kegon)] considera al mundo como una vasta red interrelacionada en la que todos los objetos y criaturas son necesarios y están iluminados. Desde un punto de vista, los gobiernos, las guerras o todo lo que consideramos 'malo' queda contenido en este dominio totalitario. El halcón, la

> arremetida y la liebre son uno. Desde el punto de vista 'humano', no podemos vivir con estos términos, a menos que todos los seres vean con la misma mirada iluminada. El *Bodhisattva* vive según los parámetros del que sufre y... debe ser eficaz al prestar ayuda a quienes sufren».[11]

Gary Snyder procede a señalar que la «misericordia del Oeste ha sido la revolución social; la del Este ha sido la introspección individual hacia el yo/vacío básico», y agrega: «Necesitamos de las dos». Es cierto; también necesitamos las enseñanzas de la ciencia, por ejemplo la sabiduría de Lewis Thomas, quien deja claro que todos nosotros, los árboles, las aguas, los animales, las personas, los gusanos y las ortigas, estamos íntimamente interconectados en una simbiosis universal.

Nada es estático y en la actualidad enfrentamos la posibilidad de vivir en el tiempo final. Parece que nos empuja un karma colectivo, pero creo que solo se necesita un pequeño salto de la consciencia para que la humanidad cambie sus costumbres peligrosas y explotadoras. Una vida individual de integridad nos recuerda que la verdad es el único Tao posible. Un pequeño grupo de personas dedicadas a repoblar la tierra con la consciencia nativa e iluminada puede convencer a muchas naciones.

Tenemos el talento humano de Sakyamuni, del Hacedor de Paz y de los patriarcas y las matriarcas del pasado, quienes aprendieron de una estrella, un coyote o un grito en la sala sagrada, que «la tierra y yo somos una misma mente», como dijera el Jefe Joseph[12]. Todos, en nuestros corazones, llevamos el arquetipo de la práctica intensa y su aplicación, el Tao de *Samantabhadra*, el *Bodhisattva* de la Gran Acción. Unamos nuestras mentes y emociones en la rectitud

CAPÍTULO 19

El camino y su virtud

El objetivo de la práctica Zen
es la perfección del carácter.
YAMADA KOUN ROSHI

Muchas personas tratan de evitar la idea de la «perfección». Saben que «nadie es perfecto» y por ello descuidan su carácter y no tratan de corregirse. Otras tienden a ser perfeccionistas y refuerzan sus neurosis con la enseñanza moral. Y también existe la interrogante planteada por el joven Dogen: «Si todos los seres son Buda, ¿por qué tanto esfuerzo?»[1] La «perfección» se convierte así en un problema.

Sin embargo, es un término que puede abrir el Camino verdadero. El que sabe que nadie es perfecto, también es capaz de estar consciente de sus faltas personales sin que estas lo desalienten. El que es moderadamente perfeccionista posee una consciencia bien desarrollada y está listo para practicar *zazen*. Quien sabe que todos los seres son por naturaleza Buda, no mira siempre hacia el futuro, sino busca la naturaleza verdadera en este momento.

Yamada Roshi nos enseña a revelar la esencia en nosotros y en el mundo. Resume las Seis *Paramitas* o «Perfecciones» del budismo clásico en el término «perfección del carácter». Para comprender con claridad esta lacónica sentencia, es útil analizar en detalle las Seis Perfecciones: renuncia, moralidad, ecuanimidad, vigor, meditación y realización.

La renuncia o *dana* es soltar, o cortar, la codicia, el odio y la ignorancia, es decir, los Tres Venenos. Muchos traductores interpretan la Paramita de Renuncia como la «Perfección de la Caridad». Tal acepción es correcta, siempre que se entienda el término «caridad» en su sentido paulino: «La más grande de estas es la caridad»[2]. De hecho, en esta dimensión, «caridad» es un vocablo más exacto que la palabra «renuncia», pues evoca la capacidad de compartir, la dimensión afectiva del amor.

Esto es un ejemplo de cómo las religiones pueden apoyarse mutuamente. «Soltar» tiende a ser un gesto austero; «caridad» se vuelve un acto sensiblero. El *Danaparamita* puede convertirse en el Camino Medio.

En el budismo clásico, la moralidad es la observancia de los Preceptos: no matar, no robar, no hacer mal uso del sexo, no mentir, no nublar la mente y demás. Los Preceptos son útiles para el estudiante Zen que aspira a interiorizarlos, a encontrar su fuente en la mente y hacer que la moralidad se vuelva realmente algo familiar.

La conducta moral que resulta familiar es la marca de la persona que posee una verdadera madurez. Todos los demás necesitan directrices y, de acuerdo con el proverbio Zen que dice: «el Buda Sakyamuni solo está a la mitad del camino», todos nosotros podemos considerar que los Preceptos refrescan nuestra memoria.

La ecuanimidad es el estado en que nada puede hacernos perder el equilibrio. No es resistencia y, al mismo tiempo, tampoco es apatía. Por ejemplo, si tu cónyuge te fuese infiel, te sentirías naturalmente perturbado. La confianza que entregaste ha sido violada, y la familia que has formado está alterada. Pero aun en el sufrimiento de la traición, la gran mente está en absoluta calma, como las profundidades de un océano durante una tormenta. Al morar allí, puedes pasar a la acción y emitir las afirmaciones que sean necesarias para salvar a todos los interesados, incluido tú mismo.

A veces una persona puede entrar en contacto con la gran mente durante una crisis, pero la abandona en momentos menos significativos. La ecuanimidad también es una cuestión de aceptar con elegancia las críticas menores. Con frecuencia, lo que consideramos insignificante representa un desafío mucho mayor que las amenazas mayores.

La fortaleza es un acto que emerge de manera inconsciente, en relación con las circunstancias, libre de cualquier apego conceptual, incluso al «amor» o a la «justicia». «No mores en ninguna parte y haz que se manifieste esa mente»[3]. Este es el camino de la Gran Acción.

El vigor, sin embargo, no es ciego, no es simple espontaneidad. Debemos ser cuidadosos en este aspecto. El maniaco que dispara contra su familia también actúa de manera inconsciente. De hecho carece de conciencia debido a que ha perdido su naturaleza humana. Es una víctima que crea víctimas... un marcado contraste con el *Bodhisattva* altruista, que sufre con los demás.

La meditación es *zazen*, la mente humana enfocada con rigor y silencio. *Dhyanaparamita* es el término sánscrito, y el modelo de *dhyana* es la figura del Buda, sentado con la espalda erguida, las piernas cruzadas, en absoluto estado de alerta y en completo reposo.

Dhyana es también el espíritu atento del estudiante Zen en la vida cotidiana. «Atención» es el lema del Zen. Todo padre dice a su hijo: «Fíjate en lo que haces». Es también un buen consejo para los adultos.

La iluminación es la confirmación del yo por la paloma que se lamenta, por el tintineo de una taza que se rompe, por la risa de un amigo; es el reconocimiento de la interdependencia y unidad de todas las cosas, empezando por uno mismo, y de su infinito vacío en el vasto e insondable universo. Esto es *Prajnaparamita*, la Perfección de la Sabiduría.

Todos los budistas hablan de la iluminación, aunque puede que se refieran a cosas distintas. Para el budista Theravada, la iluminación da la comprensión de que toda la vida es efímera. Para el budista Mahayana, esclarece la Red vacía de Indra, pero algunas escuelas Mahayana declaran que tal esclarecimiento es solo para el Buda Sakyamuni y tal vez para algunos otros, o que el individuo logra esta claridad después de la muerte. El Zen y algunas ramas de la tradición esotérica consideran la iluminación como una posibilidad personal. De hecho, para el estudiante Zen las Seis Paramitas son cualidades que deben ser perfeccionadas como el yo.

El vocablo chino *te* y su equivalente japonés, *toku*, resumen las Seis Paramitas, y lo encontramos con frecuencia en nuestro estudio del Zen. Por ejemplo, en el *Sutra del Corazón* leemos: «*Muchi yaku Mu toku*», es decir, en la *Prajnaparamita* «no hay sabiduría y no hay consecución»[4]. «Consecución» es una traducción de *te* o *toku*, y «virtud» es otra. Ambas tienen fuerzas y debilidades al traducir el vocablo original. Para nuestro objetivo, deseo utilizar la palabra «virtud», a pesar de las acepciones emocionales que tiene para algunas personas. De hecho, la virtud es lo que tratamos de desvelar en nuestra práctica.

Al mismo tiempo, «virtud», «las Seis Paramitas», o la «perfección del carácter», solo son títulos que ponemos a un proceso orgánico. Al respirar soltamos los venenos y establecemos el campo sereno de los Preceptos. Al soltar las defensas del yo, la mente emerge sin restricciones con la cuenta de «uno», «dos», «tres». Enfocado y sereno, el individuo está listo para recibir la instrucción de las diez mil cosas.

La práctica de la virtud es enfatizada en el Tao Te Ching, conocido en Japón como *Dotokukyo* (*El libro del Camino y su Virtud*); esta obra es el texto central del Taoísmo, que también podría denominarse *Te-ísmo*, debido a que *Te* recibe tanta atención como *Tao*:

> «Para obtener confianza, pon tu confianza en otros.
> ¡Ten cuidado! Habla solo cuando sea esencial.
> Entonces, cuando tu trabajo esté hecho y tu tarea haya terminado,
> Todos dirán que ocurrió de manera natural».[5]

De esta manera, en el mundo tampoco hay algo que pueda llamarse «virtud». Recuerdo haber visitado a Suzuki Shunryu Roshi en su estudio en el centro Zen de San Francisco. El Roshi me dijo: «No hago nada. Solo me siento aquí y los miembros se organizan ellos mismos y compran el edificio de la calle Page para convertirlo en *zendo*. Compran el Tassajara Hot Springs Resort y lo establecen como un retiro en la montaña. Esto no es obra mía».

Entonces, ¿cómo ocurrió? Es evidente que algo estaba operando. Hace mucho tiempo conocí en Honolulu a un anciano japonés que vivió como monje durante ocho años en el monasterio Rinzai Myohinji, en Kyoto. Después de su llegada a Hawai, trabajó como maestro en una escuela japonesa durante un tiempo, luego fue sacerdote y, cuando lo conocí, era un hombre de negocios. Estaba deseoso de organizar un centro Zen, pero sus planes nunca resultaron, así que me dijo: «No tengo *toku*».

Su honestidad fue conmovedora, aunque debo aclarar que su «no *toku*» y el «no *toku*» de Suzuki Roshi eran distintos, porque su práctica era diferente. Cuando la práctica de un individuo sirve para revelar la esencia, ese hombre enseña sin enseñar abiertamente. Este individuo se olvida de sí mismo y confía en los demás, revelándoles su esencia y haciendo que ellos, por sí mismos, hagan girar la rueda del *Dharma*.

Activismo religioso y el Tao

En términos generales, el activismo puede ser de dos clases. La primera es el esfuerzo organizado para exponer y corregir males o peligros sociales específicos, como una excesiva obtención de ganancias o la contaminación del medio ambiente. Esto se denomina «activismo de tábano» o de «perro guardián», y su objetivo es conservar el orden del sistema convencional.

La segunda clase de activismo social es el «milenarismo», la búsqueda y realización del Reino de Dios en este mundo bajo el nombre que sea. Esto implica un rechazo filosófico de los medios adquisitivos de la sociedad y un «regreso» a los valores de la igualdad y la compasión.

A veces, un «milenarista» adopta la postura de un reformador, como ocurre cuando un trabajador católico se une a un movimiento que pretende boicotear un producto comercial dañino. En otras ocasiones los reformadores pueden parecer utópicos en su resistencia a los males sociales en muchos frentes.

La diferencia estriba en la actitud ante los problemas. Para quien busca el Reino de Dios, el aspecto a tratar es un síntoma; para el reformador, el tema es una enfermedad. Por ejemplo, para Daniel Berrigan la guerra de Vietnam era un síntoma de un sistema económico y social corrupto; para Eugene McCarthy se trataba de una aberración o un tumor aparecido en un sistema, por lo demás aceptable en términos generales.

La búsqueda del Reino de Dios es una actividad religiosa, aunque en ocasiones se rechaza la religión formal. Las raíces históricas de esta búsqueda se remontan más allá del Nuevo Testamento hasta los escritos proféticos del judaísmo. Además, la fe de movimientos humanistas como el marxismo y la anarquía filosófica en los «principios eternos», los convierte en movimientos religiosos a pesar de sus protestas por lo contrario.

Los primeros cristianos resistieron la represión romana y, cuando la Iglesia logró una aceptación política, los movimientos de resistencia que practicaban la vida comunitaria, la pobreza y la voluntad de compartir, se separaron del tronco principal de la religión organizada, empezando por los Montanistas del siglo II, y así sucesivamente, pasando por los Hermanos del Espíritu Libre en Alemania, los *Ranters* de Inglaterra, los Amigos, los Menonitas, los Trabajadores Católicos y los *Amish* de los Estados Unidos en la actualidad[1]. Todos estos movimientos han interpretado las palabras de Jesús: «Buscad primero el Reino de Dios» de una manera más concreta que la mayoría de los teólogos.

¿Dónde se encuentra el Reino de Dios? Su respuesta dependerá del texto que leas. En la *Biblia de Jerusalén*, muy aceptada entre los católicos modernos, encontrarás que Jesús dice, en Lucas 17:20, «El Reino de Dios está entre vosotros»[2]. Esto parece implicar que el Reino se vuelve una realidad cuando las personas se agrupan como una Iglesia[3].

La traducción de las palabras de Jesús: «El Reino de Dios está dentro de vosotros», encargada por el rey Jacobo de Inglaterra, implica una teología de inmanencia que, en opinión de Joseph Campbell, «es justamente lo que la Iglesia, siguiendo los pasos de los profetas, ha condenado como herejía durante todos estos siglos»[4].

Según los textos de Nag Hammadi, la versión gnóstica vuelve a ser distinta. Al final del *Evangelio de Tomás*, en un contexto muy similar al pasaje de Lucas, Jesús dice: «El Reino del Padre se extiende por toda la Tierra y los hombres no lo ven»[5].

Esta versión armoniza con la polarización de «entre» y «dentro de», y resuelve sin dificultades el problema del mal. El Reino es como una capa que lo cubre todo, incluyendo el yo. No podemos verlo y, por tanto, podemos ser malos a pesar de la bondad que nos cubre. Así, el problema del mal es una cuestión de ignorancia, como sucede en el budismo.

En el budismo, la consumación de los tiempos recibe distintos nombres como «Nirvana», la «Tierra del Loto» y la «Tierra Pura». Hakuin Zenji expresa vivamente la convicción budista de que el Reino y el mundo cotidiano son uno y el mismo:

> «Este lugar es la Tierra del Loto:
> este cuerpo es el Buda».[6]

Nada hay sobrepuesto; el Reino está en el interior y en el exterior; no está adentro ni afuera. Sin embargo, no nos percatamos de este hecho.

> «¡Qué pena que las personas no aprecien lo cercano,
> y busquen la verdad allá lejos!;
> Son como un hombre que, estando en medio del agua,
> grita de sed;
> como un niño de casa rica que anda
> errante entre los pobres».[7]

Hakuin Zenji dice: «El Cielo está aquí y nosotros somos Dios, pero no nos damos cuenta de este hecho». De este modo, vivimos con egoísmo y creamos pobreza, exterminamos judíos y bombardeamos a campesinos inocentes; nos drogamos con productos químicos y la televisión, y maldecimos nuestra suerte cuando el cáncer del desecho humano aparece en nuestros preciados cuerpos. Ignoramos la cercanía, el hecho íntimo de que el cielo se encuentra en torno a nosotros en nuestra madurez y así no podemos aplicar una sola de sus virtudes.

La experiencia de Hakuin le demostró que *nirvana* es *samsara*, lo absoluto es relativo, el mundo intemporal es un mundo de objetivos y medios. En la tradición occidental debemos recurrir a los cristianos proféticos para encontrar expresiones de lo absoluto como relativo:

> «Ver un mundo en un grano de arena
> Y un cielo en una flor silvestre,
> Tener el infinito en la palma de tu mano
> Y la eternidad en una hora».[8]

La lección es también difícil para los asiáticos. Como mencioné antes, cuando Dogen Zenji era un joven monje se sintió muy perturbado por la aparente contradicción entre la tradición budista de que todos los seres están iluminados tal como son, y el hecho de que todo gran maestro iluminado, a lo largo de la Historia budista, haya tenido que dedicar muchos años de esfuerzo para lograr la iluminación[9]. La cristiandad tendría un problema muy similar si pudiera demostrarse que Jesús quiso decir, simplemente: «Eres Dios». ¿Qué hay del pecado? ¿Qué decir de la tarea de los santos para ver a Dios? En realidad, a mi entender, Jesús indicó que nuestro objetivo es ser *como* Dios, pues fuimos creados según su imagen. «Sed perfectos, así como vuestro Padre celestial es perfecto».[10]

Cuando el Buda dijo: «todos los seres son el *Tathagata*», continuó diciendo: «solo sus engaños y apegos les impiden darse cuenta de este hecho»[11]. «Todo el universo gime y se esfuerza» en espera de la glorificación.[12] Para los budistas es importante equilibrar los dos aspectos de esta proposición.

Estamos bien desde el principio, pero esto no resulta muy evidente hasta que hayamos arrancado de raíz las preocupaciones del ego y nuestros puntos de vista relativistas. Decir que yo estoy bien y tú también sin demostrar cómo la preocupación por uno mismo interfiere con la realización es una herejía, como también se interpretaría mal la afirmación: «eres Dios» en un contexto dualista simple. Las palabras de Hakuin acerca de este lugar y este cuerpo figuran en el poema llamado *Canto del Zazen*, es decir, «Canción de la meditación». La meditación, practicada correctamente, es el camino que el Buda y sus seguidores han utilizado para realizar el hecho de que la práctica es la iluminación misma, que este cuerpo es la naturaleza esencial y que el Reino no está lejos de aquí.

En diversos momentos de la Historia budista encontramos individuos milenaristas que se dedican por completo al bienestar y la protesta social, pero en general, la práctica de la iluminación, social o individual, estuvo limitada al monasterio y entre los monjes. No observamos movimientos sociales budistas hasta finales del siglo XIX, bajo la influencia de la cristiandad y las ideas occidentales en general. Gandhi recibió influencias del budismo y el hinduismo de su país, pero quizá no habría desarrollado su filosofía *Satyagraha* de acción social sin haber leído el Nuevo Testamento y los escritos de Tolstoi y Thoreau.

En Occidente encontramos movimientos milenaristas que se dedican por completo al bienestar de la sociedad y la protesta social; en el caso de las Cruzadas, por la ubicación de «Jerusalén» en un país extranjero que debía ser tomado en el futuro. Los Hermanos del Espíritu Libre, en su afán por encontrar la paz y la libertad, recurrieron a la violencia, incluso al asesinato. Aunque en nuestros tiempos tenemos una máxima atribuible a A. J. Muste: «No hay un camino hacia la paz; la paz es el camino». Dudo de que esto hubiese sido formulado sin la influencia de Gandhi, quien demostró que la *swaraj*, o independencia, se encuentra aquí y ahora, no en algún momento del futuro, cuando hacía sal bajo los golpes del Imperio británico.

«Aquí y ahora»; «la paz es el camino»; «este cuerpo es el Buda»; «el Reino de Dios está dentro de vosotros», todas estas son expresiones de la intimidad humana con la naturaleza esencial, la cual no nace ni muere. En los textos budistas chinos la palabra «intimidad» es sinónimo de *kensho*, la capacidad de mirar el interior de la naturaleza verdadera, de experimentar conscientemente la naturaleza verdadera. A menudo un diálogo clásico puede terminar así: «Y el monje alcanzó la iluminación». Otras veces termina así: «Y el monje se volvió íntimo». El significado es el mismo.

¿Qué es lo opuesto de intimidad? Ante todo es la consciencia de uno mismo. Yo no puedo lograr la intimidad contigo si estoy preocupado por mí. Con la preocupación personal ocurre la abstracción de la experiencia, y también el pensamiento conceptual. El maestro Eckhart nos previene una y otra vez contra la abstracción consciente de nosotros mismos:

> «Cuando... el alma se da cuenta de que mira a Dios, de que lo ama y lo conoce, esto ya es un empeoramiento».[13]

El Reino de Dios es el Reino de la Paz, pero no tenemos paz porque en nuestra consciencia de nosotros mismos nos preocupa lo que creemos ser y lo que creemos estar haciendo. La tenue sombra del pensamiento conceptual oscurece nuestra verdadera vida. Wumen (Mumon) escribió:

«Con un poco de tiene o no tiene
¡se pierde el cuerpo! ¡Se pierde la vida!»[14]

No malinterpretes esto. No digo que los conceptos no sirvan de nada; los conceptos existen para utilizarlos. Es importante tener el concepto de paz. Caemos en el error al permitir que los conceptos nos utilicen. ¿Cómo eliminar ideas fijas de «tiene» y «no tiene»? El problema no está en el córtex cerebral; nuestro cerebro produce pensamientos, al igual que el estómago segrega pepsina. El verdadero interrogante es: ¿cómo demostrarías el Reino de Dios en tus efímeras circunstancias personales?

Yo respondería: «Por favor, pásame la pimienta». ¿Crees que trato de parecer gracioso? En ese caso, es posible que aún estés preocupado por ti.

Cuando tú como persona que vive y muere tengas la infinidad en la palma de la mano, te encontrarás a nivel con Hakuin y podrás identificar, sin error, la Tierra del Loto. Los cruzados mataban y morían en sus esfuerzos para quitar Jerusalén a los infieles. Eso es herejía. Jerusalén se encontraba allí mismo, en su hogar; ¡qué triste que hayan buscado en la lejanía!

William Blake quiso construir una Jerusalén en la tierra verde y agradable de Inglaterra, pero Wumen (Mumon) lo habría vigilado muy de cerca. He aquí la estrofa completa de Blake:

«No abandonaré la lucha mental,
Ni dejaré que la espada duerma en mi mano
Hasta que hayamos construido Jerusalén
En la verde y agradable tierra de Inglaterra».[15]

¿Qué habría dicho Wumen (Mumon)? Tal vez hubiese preguntado: «¿Qué es Jerusalén?» ¿Cómo hubiera respondido Blake? ¿Tal vez hubiese hecho un ademán que abarcase su desordenado estudio, diciendo: «¡Aquí está!»?

Como demostró Gandhi, la práctica del Reino de Dios, que él llamó «la luz», a veces es la práctica de María a los pies de Jesús, y en ocasiones la de Marta al servir la sopa. De hecho, puede ser muy activa en ciertos momentos.

Para Jesús, en un momento dado, el Reino de Dios significaba limpiar al Templo de los comerciantes. Hakuin dijo: «Este cuerpo es el Buda», y acusó al señor de su provincia por los apuros económicos de los campesinos.

Uno de mis colegas ha dicho que debemos abrazar la bomba. Me parece que se refiere a que la bomba es parte de nuestro *karma*, a que no está «allá». En esto estoy de acuerdo, pero no lo expresaría así.

Cuando un niño camina sin rumbo por la ciudad y atraviesa un bullicioso cruce, no es el momento para meditar en la ley del *karma* o la voluntad de Dios. No: cualquiera que tenga un poco de juicio rescatará al niño de los neumáticos de los taxis y camiones que se dirigen hacia él. ¿Cómo enfrentaría una persona con criterio el asunto de la bomba?

Como dijo Gandhi, debemos seguir nuestra propia luz. De la vida de Gandhi todos aprendemos que esa luz está constituida por la tradición religiosa, y podemos aprender algo más preciso de Wumen (Mumon): la luz no es solo una cuestión interior. El almacén y la puerta nos enseñan.

¿Qué es mi luz? ¿Dónde está mi luz?

Gandhi, *Dogen* y la ecología profunda

En una ocasión, un amigo preguntó a Gandhi si su objetivo al establecerse en un poblado y ayudar a los habitantes en todo lo posible era solo humanitario. Gandhi repuso... «Estoy aquí para servir a nadie más que a mí, para encontrar mi propia realización a través del servicio de los habitantes de este poblado».[1]

Esta asombrosa conversación revela las dimensiones de Gandhi como maestro del mundo. Se trata de un verdadero *mondo*, en el que el iluminado responde a la actitud fija del interrogador, volteando la pregunta y utilizándola como vehículo para demostrar la verdad que oscureció la pregunta en su forma original.

El interrogante fue planteado, no sin malicia, desde la sospecha convencional de la generosidad. ¿Acaso lo que uno hace por otros no es una forma de engrandecimiento personal? ¿Existe una cosa tal como la generosidad pura? ¿Es posible vivir solo para los demás? ¿Acaso no satisface uno sus necesidades psicológicas al vivir de esa manera con personas pobres?

Gandhi respondió desde un enfoque nada convencional. Omite por completo la palabra «humanitario» en su contestación y, de hecho, me pregunto si esa palabra aparece en alguno de sus escritos o discursos. Para el que pregunta, el humanitarismo parece algo irreal y Gandhi, en efecto, reconoce esto; se muestra de acuerdo para establecer un punto más profundo.

Como un experto de judo, Gandhi utiliza la energía y el empuje del otro. Cuando le desafían a negar que solo pretende servirse, él no lo niega y va más allá con el reto, declarando sin ambages que los habitantes del poblado le sirven a él.

Esto no es un engrandecimiento personal, sino el camino hacia la realización propia, como dice Gandhi. Desaparecen las preocupaciones del ego y la naturaleza verdadera de quien observa y entra en acción y se vuelve clara. Esto no es más que todos los seres y todas las cosas. Thomas Merton comenta que la práctica de Gandhi era el despertar de la India y del mundo dentro de él[2], o, diría yo, como él mismo. Resulta evidente que Merton consideraba que esto era un despertar existencial. Pero ya fuese existencial o solamente político, la verdad permanece inmutable: el otro no es otro más que yo.

El punto de vista convencional de que el servicio a los demás es un medio para el engrandecimiento personal es el enfoque que acepta la explotación de la gente y el ambiente, las guerras entre naciones y los conflictos dentro de la familia. Como solía decir Yasutani Roshi, el engaño fundamental de la Humanidad es suponer que yo estoy aquí y tú estás allá.

El punto de vista de Gahdhi es oriental por tradición, y puede encontrarse, con diferente énfasis en el hinduismo, el taoísmo y en el budismo Theravada y Mahayana. Para Dogen Zenji y los budistas en general, el Camino es la apertura a todos los seres, a todas las cosas. Cada ser confirma mi naturaleza personal, pero si pretendo controlar a los demás, caeré en el engaño. Volvamos a citar al *Genjokoan*:

> «Cuando el yo avanza y confirma a la miríada de cosas, eso se llama engaño.
> Cuando la miríada de cosas avanza y confirma al yo, eso es iluminación».[3]

El yo que se impone a los demás, no es solo algo que denominamos engaño, sino la ruina de nuestro planeta y todas sus criaturas. Pero la iluminación no es únicamente una cuestión de aprender de otro ser humano. Cuando se olvida el yo, este es creado una y otra vez, con mayor riqueza, por la miríada de cosas y seres del universo:

> «El ciervo salvaje, errando aquí y allá
> Evita la Inquietud del Alma Humana».[4]

Esto no es una mera cuestión de percibir la unidad del universo; las estrellas del cielo tropical se extienden por el techo de mi mente, y la fresca brisa abre mi oído.

Tales experiencias no son filosofía y no se encuentran limitadas al oriente tradicional, pero durante los últimos doscientos años, ya sea en Oriente u Occidente, hemos tenido que buscar en la periferia de la cultura, en vez de hacerlo en su cauce para encontrar algo similar. El caudal del río fluye en el sentido de la interpretación utilitaria de las órdenes que Dios dio a Noé:

> «Que teman y tiemblen ante vosotros todos los animales de la Tierra y todas las aves del cielo, y todo cuanto se mueve sobre la Tierra, y todos los peces del mar: todos os quedan sometidos».[5]

Solo unos cuantos genios aislados de Occidente, como Wordsworth y Thoreau, han enseñado la confirmación del yo humano a través de la naturaleza, y el crimen de la confirmación de la naturaleza por el yo. Por ejemplo, en el siguiente verso, Wordsworth repite el pensamiento de Dogen:

> ¿Piensa, en medio de este enorme compendio
> De cosas que siempre hablan,

Que nada vendrá por sí mismo,
Y que debemos seguir buscando?[6]

La apertura a la miríada de cosas obedece a lo que George Sessions, en su análisis de la ecología profunda denomina «conversión».

Aldo Leopold, ecólogo forestal, sufrió una notable conversión de la mentalidad de superficial «mayordomía» de la ecología de administración de recursos, la cual sitúa al hombre por encima de la naturaleza, a la declaración de que todos los humanos deben verse de una manera realista como «simples miembros» de la comunidad biótica. Después de su conversión, Leopold pudo ver, firmemente y con «reluciente claridad», cómo rompía las ilusiones antropocéntricas de su tiempo y empezaba a «pensar como una montaña».[7]

Cuando el hombre domina la naturaleza, el yo avanza y confirma la miríada de cosas, un engaño antropocéntrico. Es el mismo parámetro mental de norteamericanos sobre vietnamitas, de hombres sobre mujeres, de gerentes sobre trabajadores, o de blancos sobre negros.

El movimiento de la Ecología Profunda se originó por la desesperación de los ecologistas ante la mentalidad convencional de administrar los recursos, que acaba de manera acelerada con nuestros minerales, arrasa nuestros bosques y envenena nuestros ríos y lagos. Es justamente la mentalidad de la sociedad del bienestar que administra a corto plazo los recursos humanos para el beneficio de los propios administradores.

Los lectores de los medios de la información convencionales están más conscientes de los peligros de la guerra y el envenenamiento nuclear que del holocausto biológico que implica la devastación de las selvas, el despojo de montañas, la alteración del equilibrio de la vida en los mares y el drenaje de los pantanos costeros. Es necesario leer los diarios y boletines de las sociedades ecológicas para tener una mejor perspectiva del desastre global acelerado que está ocasionando nuestro lujoso estilo de vida.

Pero incluso sabiendo esto, me pregunto si es posible revertir la máquina de muerte y destrucción. Los que participamos del movimiento para la paz, hemos tratado de levitar el Pentágono, cayendo en el engaño del que Dogen Zenji trata de prevenirnos. Cuando detuvimos el bombardeo B-1, nos dieron el misil de crucero; cuando detuvimos el Acta General de Crimen, obtuvimos otro Acta General de Crimen. Cuando rechazamos a Lyndon Baines Johnson, [LBJ (sic)], recibimos a Richard Nixon.

El punto es que con todas nuestras buenas intenciones aún buscamos el avance y control de la miríada de cosas. La alternativa no es responder de manera pasiva o huir. Cuando pensemos como una montaña, todo el mundo se convierte. Todas las cosas me confirman. Entonces me siento en los cojines del *dojo* que no se mueven. Allí no hay controlador y nadie a quien controlar.

Vuelvo a pensar en Gandhi, invitándonos a seguir nuestra luz propia. Erik H. Eirkson sugiere que Gandhi se aferró a sus valores, llegando a excluir las necesidades humanas de su familia, e incluso de su nación[8]. Tal vez fue así. No tenemos que venerarlo a ciegas. Pero a pesar de sus defectos, no hay duda de que fue el precursor de una Nueva Reforma que pretende estimular la autosuficiencia y la responsabilidad personal por todos los seres y todas las cosas.

En el mundo budista hemos visto en generaciones pasadas el desarrollo de Sarvodaya Shramana en Sri Lanka; el Grupo Coordinador para la Religión en la Sociedad en Tailandia; la Escuela de la Juventud para el Servicio Social en Vietnam del Sur, e Ittoen en Japón. Estos movimientos se originaron del moderno espíritu de la época de la consciencia social y encontraron orientación en la doctrina budista del no ego y en los preceptos budistas, al igual que Gandhi halló la guía para el movimiento independiente de la India en la antigua doctrina hindú de la confianza en uno mismo.

En el mundo cristiano hemos visto la aparición de movimientos parecidos, en particular el Trabajador Católico, una red anárquica de casas comunales de docenas de ciudades norteamericanas, establecidas por familias de laicos que alimentan a los pobres, los visten y les dan abrigo, como enseñara Jesús: «En verdad os digo que cuanto hicisteis a uno de estos hermanos míos, los más pequeños, a mí me lo hicisteis»[9].

Estos movimientos crecieron desde la raíz con el entendimiento de que la confirmación por parte de la miríada de cosas no es solo una experiencia esotérica limitada al interior de los muros de un monasterio. Para Gandhi, la *Swaraj*, o independencia, era la confianza en sí mismos de los individuos que practicaban el camino de la realización con una apertura absoluta a los británicos, el «otro» fundamental para la India colonial. Y como indicara Gandhi a quien cuestionó su humanitarismo, también lo es la práctica de estar con los pobres, los impedidos, los oprimidos, pensar como ellos, tomar agua y escarbar la tierra como ellos. Es la práctica de la realización a través de su servicio, y del servicio de todos los demás, incluyendo a la policía y los políticos.

La práctica de «estar con ellos» convierte a la tercera persona, *ellos, ello, ella, él,* en una primera persona, *yo* y *nosotros.* Para Dogen Zenji, los otros que «no son otros más que yo mismo», incluyen las montañas, los ríos y la vasta Tierra. Cuando un individuo piensa como montaña, también lo hace como un oso negro, y este es un paso que va más allá de las inquietudes comunes de Gandhi, hacia la ecología profunda, la cual requiere de una apertura al oso negro, para de verdad hacerse íntimo con él.

Esto es compasión, es sufrir con los demás. Recordemos el *Sutra del Diamante*: «No morando en ninguna parte la mente se manifiesta». «Ninguna parte» es el cero de la experiencia más pura, conocido en el interior como paz y reposo. Hacer «que se manifieste» es pararse con firmeza y contener la miríada de cosas. Para el que trabaja por la paz o la ecología, el mensaje del *Sutra del Diamante* sería: «Desde ese lugar de paz fundamental debes emerger como hombre o mujer de paz, presentando la paz en la comunidad más recóndita de quienes pretenden destruirla».

La mayor parte de estos ensayos aparecieron primeramente en *Blind Donkey*, y todos fueron presentados en *Mind Moon Circle*. *No matar* fue publicado en *Kahawai: Journal of Women and Zen e Impulse; The Middle Way* y *Ten Directions* publicaron *No robar*. *Gandhi, Dogen y Ecología Profunda* apareció en *Zero* y en *Simply Living*, y se presenta como una antología en *Voices for Deep Ecology*, editado por Bill Davall, *Dream Garden Press*.

Benjamin Lynn Olso transcribió las primeras charlas que di en 1976 sobre los Preceptos y sugirió que las vertiera en un libro. Sus transcripciones me resultaron muy útiles al revisar las charlas que había dado en el pasado y le estoy muy agradecido por su ayuda y estímulo.

Muchas personas leyeron el manuscrito e hicieron valiosas sugerencias para su revisión. Ante todo quiero mencionar a Wendell Berry, cuyos acertados y profundos comentarios me instaron a realizar importantes cambios. Stephen Mitchell marcó todos los ensayos antes de su publicación en *Blind Donkey* y al leer ahora la obra terminada veo su influencia en casi todas las páginas. P. Nelson Foster editó los ensayos de *Blind Donkey*, lo cual me ayudó a aclarar algunos puntos.

También quiero dar las gracias a Anne Aitken, Teresa Vast, Gary Snyder, Michael Kieran, John Tarrant y otros que leyeron la totalidad o algunas partes del manuscrito e hicieron valiosos comentarios. Asimismo, les doy las gracias a mis mecanógrafas: Sarah Bender, Victoria Chau, Diane Epstein y Stephanie L'Heureux.

Kazuaki Tanahshi realizó la caligrafía «Tadashii (Vertical)» que aparecía en la página inicial del libro original, y le agradezco su creativo y generoso obsequio. Por último, deseo dar las gracias al personal de North Point Press: Jack Shoemaker, Tom Christensen, Dave Bullen y todos los demás, por convertir los manuscritos en libros de fácil lectura

La ceremonia de la *Diamond Sangha* por la muerte de un nonato

1. Tres reverencias profundas
2. *Vandana* y *Ti Sarana* en pali, o «Buscar Refugio» en inglés
3. *Enmei Jikku Kannon Gyo*, u otro *sutra* breve en japonés o inglés
4. Guía:

Nos hemos reunido hoy aquí para expresar nuestro amor y apoyo a ___________ y a ___________ [nombres de los padres], y para despedirnos de un(a) niño(a), un trozo de ser al que hemos llamado ___________, que apareció como todos nosotros, de la mente indiferenciada, como esa mente, y que se marchó después de unos momentos de vacilante vida, como lo hacemos todos.

En nuestra cultura damos mucha importancia a la conservación de la vida, pero de verdad la muerte no es un asunto fundamental, sino un incidente, otra ola. Bassui Zenji habla de ella como las nubes que se desvanecen en el cielo. La mente esencial, dice Bassui, no está sujeta al nacimiento o la muerte; no es ser ni nada, no es vacío ni forma y color.

Es, como ha dicho Yamada Koun Roshi, el vacío infinito, lleno de posibilidades, a la vez en absoluto reposo y cargado de incontables tendencias que aguardan la abundancia del *karma*. Aquí, ___________ se encuentra en completo reposo, en la unidad con el misterio de nuestros propios nacimiento y muerte, de nuestros no nacimiento y no muerte.

5. *Sutra del Corazón* en japonés o en inglés, a la vez que padres, guía y amigos ofrecen incienso
6. Guía:

La naturaleza búdica se esparce por todo el universo, existe aquí y ahora;
con nuestra recitación de Enmei Jikku Kannon Gyo
y el Gran Prajnaparamita *Sutra del Corazón*
unámonos con
los Siete Antiguos Budas,
Sakyamuni Buda, Completamente Realizado,
Avalokitesvara Bodhisattva, de Gran Compasión,
Ksitigarbha Bodhisattva, Tesoro de la Tierra,
todos los maestros Fundadores, pasados, presentes y futuros.
Dedicamos en especial nuestro amor y pensamientos de oración a ti ___________.
Que descanses en perfecta paz.
Que continúe el verdadero *Dharma*.
Que las relaciones de la *Sangha* se completen.
Todos:

Todos los Budas a través del espacio y el tiempo,
todos los Bodhisattvas, Mahasattvas,
el Gran Prajnaparamita.

7. Los Cuatro Votos en inglés
8. Tres reverencias profundas

APÉNDICE 2

Tabla de equivalencias chinas y japonesas

Chino (Wade-Giles)	Chino (Pinyin)	Japonés
Ch'ang-ch'ing	*Changqing*	*Chokei*
Ch'ang-sha	*Changsha*	*Chosa*
Chao-chou	*Zhaozhou*	*Joshu*
Cheng Tao Ko	*Zhengdaoge*	*Shodoka*
Chiang-nan	*Jiangnan*	*Konan*
Chien-yuan	*Jianyuan*	*Zengen*
Ching-ch'ing	*Jingqing*	*Kyosei*
Chung Kuo-shih	*Zhong Guoshi*	*Chu Kokushi*
Fa-yen	*Fayan*	*Hogen*
Feng-hsüeh	*Fengxue*	*Fuketsu*
Fu Ta-shih	*Fu Dashi*	*Fu Daishi*
Hsin-hsin ming	*Xinxin Ming*	*Shinjinmei*
Hsiu-shan	*Xiushan*	*Shuzan*
Hsüeh-feng	*Xuefeng*	*Seppo*
Hsüeh-tou	*Xuedou*	*Setcho*
Hua-yen	*Huayan*	*Kegon*
Hui	*Hui*	*E*
Hui-kai	*Huikai*	*Ekai*
Hui-neng	*Huineng*	*Eno*
Hung-jen	*Hongren*	*Gunin*
Jui-yen	*Ruiyan*	*Zuigan*
Kuei-shan	*Guishan*	*Isan*
Ling-yün	*Lingyun*	*Reiun*

Chino (Wade-Giles)	Chino (Pinyin)	Japonés
Ma-tsu	*Mazu*	*Baso*
Mu-chou	*Muzhou*	*Bokushu*
Nan-ch'üan	*Nanquan*	*Nansen*
Pai-chang	*Baizhang*	*Hyakujo*
P'an-shan	*Panshan*	*Banzan*
P'ang	*Pang*	*Ho*
Pao-fu	*Baofu*	*Hofuku*
Shih-shuang	*Shishuang*	*Sekiso*
Tan-hsia	*Danxia*	*Tanka*
Tao-wu	*Daowu*	*Dogo*
Te-shan	*Deshan*	*Tokusan*
Ti-tsang	*Dizang*	*Jizo*
Ts'ai Ken T'an	*Caigentan*	*Saikontan*
Wu de Liang	*Wu de Liang*	*Bu de Ryo*
Wu-men	*Wumen*	*Mumon*
Wu-men kuan	*Wumen Guan*	*Mumonkan*
Wu-tsu	*Wuzu*	*Goso*
Yang-shan	*Yangshan*	*Kyozan*
Yen-t'ou	*Yantou*	*Ganto*
Yüan-wu	*Yuanwu*	*Engo*
Yüeh-shan	*Yueshan*	*Yakusan*
Yün-men	*Yunmen*	*Unmon*
Yün-yen	*Yunyan*	*Ungan*

NOTAS

Capítulo 1. La naturaleza de los Preceptos

1. Ver Irving Babbitt, trad., *The Dhammapada* (Nueva York. New Directions, 1965), p. 30.

2. D. T. Suzuki, *Zen and Japanese Culture* (Nueva York.Pantheon, 1959), pp. 114-115.

3. Takuan Zenji repite el consejo de Krishna a Arjuna:

«Estos cuerpos son perecederos, pero los habitantes de estos cuerpos son eternos, indestructibles e impenetrables. Por tanto, lucha, ¡oh, descendiente de Bharata!

Aquel que considera este (yo) como un asesino, o el que piensa que este (yo) es asesinado, ninguno de los dos conoce la verdad. Porque Ello no mata, ni Ello es matado».

Bhagavad Gita, II, 17-19 Lin Yutang, ed., The Wisdom of China and India (Nueva York. Random House, 1942), p. 62.

La separación de lo absoluto de lo relativo y el tratamiento de lo absoluto como algo impenetrable puede ser buen hinduismo, pero no es la enseñanza del Buda, para quien lo absoluto y lo relativo eran inseparables, excepto cuando era necesario resaltarlos como aspectos de una realidad unificada.

4. Ver Koun Yamada, *Gateless Gate* (Los Ángeles. Center Publications, 1979), p. 76.

5. Marco Pallis, *A Buddhist Spectrum* (Nueva York. The Seabury Press, 1981), p. 10.

6. Robert Aitken, *Emprendiendo el camino del Zen* (Madrid. Editorial Kolima, 2016), p. 141.

7. Koun Yamada y Robert Aitken, trad. Denkoroku, mimeo., *Dia-*

mond Sangha, Honolulu & Haiku Hawaii, Caso 1.

8. William Blake, «London», *Poetry and Prose of William Blake*, ed. Geoffrey Keynes (Londres. Nonesuch Library, 1961), p. 75.

9. Yamada, *Gateless Gate*, p. 64.

10. Ver J. C. y Thomas Cleary, *The Blue Cliff Record*, 3 vols. (Boulder y Londres. Shambhala, 1977), III, p. 559.

11. Ver Edward Conze, trad., *Buddhist Wisdom Books* (Londres. Allen and Unwin, 1975), pp. 17-74; y D. T. Suzuki, trad., Manual de budismo Zen (Buenos Aires. Kier).

12. Ver Yamada, *Gateless Gate*, p. 227.

13. Los comentarios atribuidos a Bodhidharma y los de Dogen Zenji, que aparecieron en todos mis ensayos sobre los Diez Preceptos fueron traducidos por Yamada Koun Roshi y yo mismo de *Goi, Sanki, Sanju, Jujukinkai Dokugo (Soliloquio sobre los Cinco Grados, los Tres Refugios, los Tres Preceptos Puros y los Diez Preceptos)* de Yasutani Hakuun Roshi (Tokio. Sanbokorykai, 1962), pp. X-XVI; 71-79. Estos comentarios también fueron traducidos por Maezumi Taizan Roshi en el folleto *Mindless Flower*, publicado hace muchos años por el Centro Zen de los Ángeles y ahora agotado. He utilizado el trabajo de Maezumi Roshi como referencia en la revisión de las traducciones que Yamada Roshi y yo realizamos originalmente. Los comentarios atribuidos a Bodhidharma, en opinión de los eruditos modernos, fueron escritos por Huissu (ancestro de la escuela budista T'ien T'ai) y adoptados después por los maestros zen. He conservado la leyenda de que Bodhidharma los escribió; después de todo, el propio Bodhidharma es algo así como una leyenda. Las leyendas estimulan nuestra práctica. Mi referencia es una carta personal del erudito Hui-ssu, Dan Stevensen, fechada el 22 de agosto de 1983.

Capítulo 2. El Primer Precepto. No matar

1. *Augustus de Morgan*, de Jonathan Swift; citado de Familiar Quotations, de Bartlett (Garden City, N. Y., 1944), p. 190.

2. Ver Aitken, *Emprendiendo el camino del Zen*, p. 141.

3. Ibid., p. 144.

4. William LaFleur, *Sattva: Enlightenment for Plants and Trees in Buddhism*. CoEvoluting Quarterly. (edición especial). *Journal for the Protection of All Beings*, No. 19. Otoño, 1978, pp. 47-52. Incluso robots tienen naturaleza búdica; ver Masahiro Mori, The Buddha in the Robot (Tokio. Kyosei, 1981).

Capítulo 3. El Segundo Precepto. No robar

1. «Mu» es el primer *koan* de la práctica Zen. Ver Aitken, *Emprendiendo el camino del Zen*, capítulo nueve.

2. M. K. Gandhi, *Sarvodaya, The Welfare of All*. Ed, Bharatan Kumarappa (Ahmedabad. Navajivan, 1954), p. 12.

3. Unto Tahtinen, *Non-violence as an Ethical Principle* (Turku, Finlandia. Turun Yliopisto, 1964), p. 136.

4. M. K. Gandhi, *Sarvodaya*, p. 14. Citado en Tahtinen, *Non-violence as an Ethical Principle*, p. 128. Si se toma de forma aislada, este pasaje sobre las necesidades humanas puede parecer antropocéntrico. Sin embargo, la inquietud de Gandhi se extendía al mundo no humano, como queda claro en su escrito sobre la veneración de las vacas. Ver Eric Sharp. *To Hinduism through Gandhi, The Wisdom of the East* (Sydney. The Australian Broadcasting Commision, 1979) pp. 61-62.

5. *Letters of Rainer Maria Rilke 1910-1926*, trad. Jan Bannard Greene y M. D. Hester Norton (Nueva York. W. W. Norton and Co., 1969, pp. 374-375. La puntuación y el énfasis son de Rilke. Uno de mis lectores comenta: «Como norteamericano, puedo reconocer la justicia que se encuentra en esto, pero resiento la generalidad, que parece exceder a la justicia. Lo más aceptable sería un juicio sobre el recibimiento alemán para las ideas importadas».

Capítulo 4. El Tercer Precepto. No hacer mal uso del sexo

1. Otobe Kaiho, ed., *Kosoku Zenshu Senmon Koan Taikan (A Directory of the Corpus of Ancient Zen Koans)* (Tokio. Kandyosha, 1974).

2. Kajiani Sonin, ed., *Shumon Kattoshu (The Traditional Tangled Wisteria Collection)* (Tokio. Hozokan, 1982), pp. 342-344.

3. Otobe, *Kosoku Zenshu Zenmon Koan Taikan*, p. 563.

4. Nyogen Senzaki, *101 Zen Stories, Zen Flesh, Zen Bones*, Paul Reps, compilador (Rutland, Vt.. Charles E. Tuttle, 1970), p. 24.

5. Elaine Pagels, *The Gnostic Gospels* (Nueva York. Random House, 1979), p. XV.

6. Joshu Sasaki, *Buddha is the Center of Gravity* (San Cristóbal, N. M.. Lama Foundation, 1974), p. 24.

Capítulo 5. El Cuarto Precepto. No mentir

1. Quizá una paráfrasis del comentario de Dogen Zenji al Sexto Precepto.

2. Ver Yamada, *Gateless Gate*, p. 168.

3. Ver Suzuki, *Manual de budismo Zen.*

4. Hamlet, III. ii.

5. Ver Yamada, *Gateless Gate*, p. 125.

6. Ver Cleary, *The Blue Cliff Record*, I, p. 53.

7. Ibid., p. 54.

8. Ibid.

9. Dogen Kigen, D*aigo [Great Enlightenment]». A complete English Translation of Dogen* Zenji*'s Shobogenzo*, trad. Kosen Nishiyama y John Stevens, 3 vol. (Sendai. Daihokkaikaku, 1975-82), I, p. 34.

Capítulo 6. El Quinto Precepto. No dar o tomar drogas

El título dice «No dar o tomar vino» en el original chino. He conservado esta intención, pero sustituí la palabra por «drogas», el término genérico para las bebidas alcohólicas y otras sustancias como marihuana, cocaína y Valium, que eran desconocidas o poco utilizadas cuando fue formulado el Precepto.

1. Koun Yamada y Robert Aitken, Shoyoroku, mimeo. *Diamond Sangha*, Honolulu & Haiku, Hawaii, Caso 67.

2. Ver Yamada, *Gateless Gate*, p. 190.

3. Editado de D. T. Suzuki, *Ensayos sobre budismo Zen* (Primera Serie) (Buenos Aires. Kier).

4. Ver Cleary, *The Blue Cliff Record*, III, p. 554.

5. Dogen Kigen, *Genjo Koan*, trad. Hakuyu Taizan Maezumi, *The Way of Everyday Life* (Los Ángeles. Center Publications, 1978), n. p.

6. Senzaki, *101 Zen Stories, Zen Flesh, Zen Bones*, p. 43.

Capítulo 7. El Sexto Precepto. No discutir las faltas de los demás

1. Ver Yamada, *Gateless Gate*, p. 13.

2. San Mateo, 7:1.

3. Ver Yamada, *Gateless Gate*, p. 96.

4. Aitken, *Emprendiendo el camino del Zen*, p. 141.

5. Joanna Macy, *Dharma and Development. Religion as a Resource in the Sarvodaya Self-Help Movement* (West Hartford, Conn.. Kumarian Press, 1983), 60-61.

6. Benjamin Franklin, *Autobiography* (Nueva York. Collier, 1909), p. 87.

7. Koun Yamada, *The Stature of Yasutani Roshi*, trad. Koun Yamada y Robert Aitken, The Eastern Buddhist, Vol. VII, No. 2, 1974, pp. 119-120. Comúnmente, el Sexto Precepto se interpreta como una especie de Juramento Hipocrático, sin mencionar las violaciones de los Preceptos que pueden presentarse dentro de la comunidad budista al hablar con personas ajenas a la misma.

8. Ver Cleary, *The Blue Cliff Record*, I, p. 66.

9. San Mateo, 21:31.

10. Ver Cleary, *The Blue Cliff Record*, I, p. 614.

Capítulo 8. El Séptimo Precepto. No alabarse uno mismo mientras se maltrata a otros

1. Philip B. Yampolsky, *The Platform Sutra of the Sixth Patriarch* (Nueva York. Columbia University Press, 1967), texto chino, p. 18; texto inglés, p. 161.

2. Ibid., texto chino, pp. 7-8; texto inglés, p. 40.

3. Ver Koun Yamada, *Gateless Gate*, p. 72.

4. «Torei Zenji's 'Boddhisattva's Vow'», *Daily Zen Sutras*, mimeo. *Diamond Sangha*, Honolulu & Haiku, Hawaii.

5. Ver Virginia Coover et al., ed., Resource *Manual for a Living Revolution* (Filadelfia. New Society, 1981), y *The Training/Action Affinity Group, Building Social Change Communities* (Filadelfia. Movement for a New Society, 1979).

6. La referencia de Gary Snyder fue *Gotama Buddha*, por Hajime Nakamura (Los Ángeles. Buddhist Books International, 1977), pp. 105-106.

7. Ibid., p. 106.

8. Wong Mou-lam, trad., *The Sutra of Hui Neng*, Libro Dos de *The Diamond Sutra and the Sutra of Hui Neng*, p. 51. Ver Yampolsky, The Platform Sutra of the Sixth Patriarch, p. 143 y nota.

Capítulo 9. El Octavo Precepto. No escatimar los valores del *Dharma*

1. Ver Yamada, *Gateless Gate*, p. 19.

2. Ver Suzuki, *Manual de budismo Zen*.

3. Ver Bernard Tetsugen Glassman, *Zen and Science: Shosan*, ZCLA Journal, verano, 1975.

4. Raymond B. Blackney, *Meister Eckhart. A Modern Translation* (Nueva York. Harper and Bros., 1974), pp. 185-186).

5. John Blofeld, trad., *The Zen Teaching of Hui Hai on sudden Illumination* (Nueva York. Weiser, 1972), p. 52. Un trabajo nuevo y fascinante sobre la entrega de dones, de hecho, la Danaparamita desde el punto de vista de la antropología cultural, es *The Gift: Imagina-*

tion and the Erotic Life of Property, por Lewis Hyde (Nueva York. Random House, 1983).

6. *Kahawai K*oans, trad. Thomas Cleary. *Kahawai: Journal of Women in Zen*, invierno, 1983.

7. Ver Francis Dojun Cook, trad., *How to Raise an Ox*, (Los Ángeles. Center Publications, 1978), p. 98.

8. Ver Yamada, *Gateless Gate*, p. 39. Para un análisis de este caso, ver «La naturaleza de los Preceptos».

9. Yamada y Aitken, *Shoyoroku*, Caso 12.

10. Ver Masao Abe, *As Zen Comes to the West, Blind Donkey*, Vol. 8, No. 1; enero 1983, p. 19.

Capítulo 10. El Noveno Precepto. No entregarse a la ira

1. Yamada y Aitken, *Shoyoroki*, Caso 79.

2. Aitken, *Emprendiendo el camino del Zen*.

3. *Caigentan (Saikontan)* (Vegetable Root Discourses), por Hung Ying-ming, publicado originalmente alrededor de 1952. Mi traducción es del original en chino y la traducción japonesa que aparece en *Musings of a Chinese Vegetarian*, traducida por Yaichiro Isobe (Tokio. Yuhodo, 1926), p. 4. Esta obra también fue traducida, en parte, por Normal Waddell en *The Eastern Buddhist*, New Series, Vol. 2, 1969.

4. Citado por R. H. Blyth, *Zen in English Literature and Oriental Classics* (Nueva York. Dutton, 1969), p. 52.

5. Harold Winfield Kent, *Dr. Hyde and Mr. Stevenson* (Rutland, Vt.. Tuttle, 1973).

6. Koun Yamada, *The Stature of Yasutani Roshi*, p. 111.

7. Atribuido a Seng Ts'an. Suzuki, *Manual de budismo Zen*.

8. Ver Cleary, *The Blue Cliff Record*, II, p. 365.

9. Yamada, *Gateless Gate*, p. 76. La historia aparece citada en «La naturaleza de los Preceptos».

10. Ver Suzuki, *Manual de budismo Zen*.

11. Mi traducción de este pertinente pasaje dice así: *«Dwell nowhere and bring forth that mind»*. Ver Suzuki, *Manual de budismo Zen*, y Conze, *Buddhist Wisdom Books*, pp. 47-48.

12. Thich Nhat Hanh, una charla durante un retiro del Buddhist Peace Fellowship, Tassajara Zen Mountain Center, marzo 20, 1983.

13. Blake, *«A Vision of the Last Judgement»*, *Poetry and Prose of William Blake*, pp. 649-650.

14. C. Y. Chang, Original *Teaching of Ch'an Buddhism* (Nueva York. Pantheon, 1969), p. 166.

Capítulo 11. El Décimo Precepto. No difamar los Tres Tesoros

1. Esta comprensión de la *Sangha* es muy distinto del punto de vista monástico y sectario, el cual limita el término al sacerdocio. Sólo los monjes y monjas que han sido ordenados y aceptaron los 250 Preceptos del budismo antiguo (o 348 Preceptos, en el caso de las monjas), así como los Diez Preceptos Mayores y los Cuarenta y ocho Preceptos Menores del Bodhisattva califican para el sacerdocio, según la Asociación Budista Sinoamericana. La *Sangha* mínima consiste de cuatro sacerdotes o cuatro sacerdotisas que vivan juntos. Los laicos no deben asumir el nombre «Sangha», pues no llevan vidas puras. Y con respecto a las termitas y sus parásitos, bien, no seamos ridículos. Ver The Laity Is Not the Sangha, por Heng Chü, Proper Dharma Seal, Sino-American Buddhist Association, No. 1, Julio 4, 1983.

2. Dedication, Daily Zen Sutras.

3. Cleary, *The Blue Cliff Record*, I, p. 37.

4. Aitken, *Emprendiendo el camino del Zen*, p.143.

5. Ver «La naturaleza de los Preceptos». «Los muchos seres» es una traducción del sánscrito *sattva*, que significa, de manera literal, «ser, existencia, entidad, realidad», que se traduce al chino de dos maneras, *yu hsing* (*usei* en japonés), que significa «los muchos seres». Me parece que debemos aclarar el uso que demos a la palabra. En la sabiduría *Mahayana* todos los seres son sensibles, incluyendo las piedras y nubes, así que «seres sensibles» como traducción ingle-

sa de *sattva* puede ser tautológica, o representar una limitación para los seres que en la sabiduría occidental común, consideramos que tienen percepción: humanos, animales y, tal vez, las plantas.

El tercero de los Tres Preceptos Puros, el primero de los Cuatro Grandes Votos («Aunque los muchos seres sean innumerables, prometo salvarlos»), y los sutras recitados en los centros Zen japoneses utilizan el término *shujo*, «los muchos seres», como traducción o equivalente de *sattva*. Por tanto, el uso de la palabra inglesa «*sensible*» no es fiel al uso o al significado de la tradición *Mahayana*, y propongo que abandonemos este vocablo. De lo contrario estaremos omitiendo a las piedras, las nubes y los unicornios, sin mencionar nuestros sentimientos, los cuales adquieren ser y luego desaparecen.

6. Aitken, *Emprendiendo el camino del Zen*, p.144.

7. «Mealtime Sutras», *Daily Zen Sutras*.

8. Ver Yamada, *Gateless Gate*, p. 67.

9. Ibid., p. 158.

10. Ver Yoel Hoffman, *Radical Zen. The Sayings of Joshu* (Brookline, Mass.. Autumn Press, 1978), p. 119.

11. Ver Yamada, *Gateless Gate*, p. 14.

12. Ver Hsüan Hua et al., *Flower Adornment Sutra: Pure Conduct*, Capítulo 11 (Talmadge, Calif.. Buddhist Text Translation Society, 1982), p. 245.

Capítulo 12. Comer la culpa

1. Retomado de Senzaki, *101 Zen Stories, Zen Flesh, Zen Bones*, pp. 82-83.

2. Ver Cleary, *The Blue Cliff Record*, II, p. 323.

3. Ibid., III, p. 500.

4. Ibid., p. 503.

5. Yamada y Aitken, *Shoyoroku*, Caso 21.

6. Ibid., Caso 37.

7. Ver Hee-Jin Kim, *Dogen Kigen. Mystical Realist* (Tucson. Uni-

versity of Arizona Press, 1975), pp. 78-80.

Capítulo 13. Un comentario sobre el *samu*

1. Giei Sato y Eshin Nishimura, *Unsui: A Diary of Monastic Life* (Honolulu. University of Hawai, 1973), n. p. El título dice: «Trabajar en el jardín».

2. Otobe, *Kosoku Zenshu Zenmon Koan Taikan*, pp. 649-712.

3. D. T. Suzuki, *The Training of the Zen Buddhist Monk* (Berkeley. Wingbow Press, 1974), pp. 33-38.

4. Suzuki, Ensayos sobre budismo Zen (Primera Serie).

5. Nakamura Hajime, ed., *Bukkyogo Diajiten*, 3 vols. (Tokio. Tokyo Shoseikikan, 1975), I, p. 439 (columna 1).

6. Suzuki, *Ensayos sobre budismo Zen* (Primera Serie).

7. Yampolsky, *The Platform Sutra of the Sixth Patriarch*, texto chino, p. 2. Ver texto inglés, p. 128.

8. Dogen Kigen, *«Gyoji (Principles of Practice), Part 1» Honzanban Shukusatsu, Shobogenzo* (Tokio. Komeisha, 1968), p. 301.

9. Ibid., pp. 301-302.

10. Martín Calcutt, *«The Early Ch'an Monastic Rule: Ch'ing kuei in the Shaping of Ch'an Community Life». Early Ch'an in China and Tibet*, ed. Whalen Lai y Lewis R. Lancaster (Berkeley. Berkeley Buddhist Studies Series, 1983), pp. 180-181.

11. Suzuki, *Ensayos sobre budismo Zen* (Primera Serie).

12. Holmes Welch, *The Practice of Chinese Buddhism: 1900-1952* (Cambridge. Harvard, 1967), pp. 53-80.

13. Suzuki, *The Training of the Zen Buddhist Monk,* p. 24.

14. Ueda Mannen et al., eds., *Daijiten* (Tokio. Kodansha, 1971), p. 1086 (columna 1).

15. El Movimiento Sarvodaya de autoayuda en el poblado, en Sri Lanka, quizá sea el precursor de un cambio en los valores del budismo del sur hacia el ideal Bodhisattva. Joanna Macy hace notar que en Sarvodaya, el Bodhisattva, «que históricamente ha sido más

popular en el budismo Mahayana que en Sri Lanka, es evocado cada vez con mayor frecuencia. Esta figura personifica la acción para los demás –una disposición o voluntad de posponer la iluminación en beneficio de otros, en vez de aislarse de la sociedad para perseguir su liberación personal del sufrimiento». Macy, en Dharma and Development, p. 75, cita a un monje sarvodaya:

«No busco ahora esa liberación, o aun convertirme en un ganador del torrente –al menos no en muchas vidas. Hay mucho que hacer para ayudar a los seres que son mis iguales a salir de la pobreza, la codicia, la ignorancia. Estoy dispuesto a esperar hasta que todos puedan entrar conmigo en el nirvana. Esto llevará algún tiempo».

Capítulo 14. El yo

1. Ver Suzuki, *Manual de budismo Zen*, p. 16.

2. Ibid. En la jerga de la liberación personal, «autonomía» significa ahora «uno en contra». Esto no es la postura budista.

3. Ésta es la frase que D. T. Suzuki utilizaba para resumir el mensaje del Sut*ra del Diamante*. Empero, no se encuentra en esa forma exacta dentro del Sutra. Ver Suzuki, *Manual de budismo Zen*; y Conze, *Buddhist Wisdom Books,* pp. 47-48, 61-62.

4. Raymond B. Blakney, trad., *Meister Eckhart: A Modern Translation* (Nueva York. Harper & Bros., 1941), p. 3.

5. Yamada, *Gateless Gate*, p. 91

6. Isshu Miura y Ruth Fuller Sasaki, *Zen Dust; The* History of the Koan and Koan Study in Rinzai (lin-chi) Zen. (Nueva York. Harcourt Brace and World, 1966), p. 292.

7. Ver Hakuyu Taizan Maezumi, *The Way of Everyday Life* (Los Ángeles. Center Publications, 1978), n. p.

8. Ver *Cleary, The Blue Cliff Record,* III, p. 554.

Capítulo 15. La búsqueda de la mente

1. Cleary, *The Blue Cliff Record*, II, p. 247.

2. Dom Aelred Graham. *Conversations: Christian and Buddhist*

(Nueva York. Harcourt Brace Jovanovich, 1968), p. 69. Uno de mis amigos preguntó: ¿»No sé» significa «no sé si la forma es o no vacío» o «no sé qué quiere decir significa en relación con esta afirmación»? Las dos posibilidades son erróneas. Kobori Roshi demuestra qué significa «forma es vacío».

3. Cleary, *The Blue Cliff Record*, I, p. 1.

4. Blakney, *Meister Eckhart: A Modern Translation*, p. 47.

5. *Thich Nhat Hanh, The Miracle of Mindfulness: A Manual on Meditation* (Boston. Beacon Press, 1976), pp. 79 en adelante.

6. Yamada, *Gateless Gate*, p. 109.

Capítulo 16. Hacer que emerja la mente

1. Ver Suzuki, *Manual de budismo Zen*; y Conze, *Buddhist Wisdom Books*, pp. 47-48.

2. M. O'C. Walshe, trad., *Meister Eckhart; Sermons and Treatises*, 2 vols. (Londres. Watkins, 1979-1981), I, p. 2.

3. Ibid., I, p. 7.

4. Yamada y Aitken, *Denkoroku*, Caso 51.

5. Una frase que Yamada Koun Roshi utiliza a menudo en sus enseñanzas.

6. D. T. Suzuki, Living by Zen (Nueva York. Samuel Weiser, 1972), pp. 111-116.

7. Walshe, *Meister Eckhar*t I, p. 9.

8. James M. Robinson, ed., The Nag Hammadi Library in English (Nueva York y Londres. Harper & Row, 1977), p. 121.

9. Norman Waddell, trad., The Zen Sermons of Bankei Yotaku, Part I; The Eastern Buddhist, Vol. VIII, No. 1 (1974), p. 125.

10. Kim, Dogen Kigen. *Mystical Realist*, p. 236.

11. Kazuaki Tanahashi y Arnold Kotler, trad., *Instructions for the Tenzo* (Tenzo Kyokun), mimeo., Mountain Gate Study Center, Zen Center of San Francisco, 1981, p. 49; pp. 52-55.

Capítulo 17. La mente de trébol

1. Ver *Cleary, The Blue Cliff Record*, I, p. 164.

2. Ibid., II, p. 424.

3. Ibid., I, p. 164.

4. Ver Maezumi, *The Way of Everyday Life*, n. p.

5. Dogen Kigen: «Ahora veo con claridad que la mente es las montañas, los ríos y la vasta Tierra; el sol, la luna y las estrellas». Ver Kim, Dogen Kigen. *Mystical Realist*, p. 148.

6. Uno de mis lectores preguntó: «¿Cómo reconcilias todas las cosas que aparecen como su propio motivo –es decir, de manera independiente– con la Red de Indra y la simbiosis universal?» No me incomoda esta paradoja; al igual que la identidad de la forma y el vacío, el hecho aparece en la naturaleza y se convierte en paradoja solo cuando la formulamos.

7. Ver Yamada, *Gateless Gate*, p. 119.

8. Ver, por ejemplo, Frithjof Schuon, *Gnosis: Divine Wisdom* (Bendfotn, Middlesex, Inglaterra. Perennial Books, 1978.

Capítulo 18. La estrella de la mañana

1. Yamada y Aitken, *Shoyoroku*, Caso 67. Ver capítulo 6 «No dar ni tomar drogas».

2. Yamada, *Gateless Gate,* pp. 13-14.

3. Aitken, «Canto en alabanza del Zazen, Hakuin Zenji'», *Emprendiendo el camino del Zen*, p. 143.

4. George Meredith, «Lucifer in Starlight», *The Poems of George Meredith*, ed. Phyllis B. Bartlett, 2 vols. (New Haven. Yale University Press, 1978), I, p. 285.

5. Ver Yamada, *Gateless Gate*, p. 40.

6. Ver Cleary, *The Blue Cliff Record*, I, p. 1.

7. Yampolsky, *The Platform Sutra of the Sixth Patriarch*, p. 146.

8. *Basic Call to Consciousness* (Mohawk Nation, via Rooseveltown,

N. Y.. Akwesasne Notes, 1978), pp. 71-72.

9. Maezumi, *The Way of Everyday Life*, n. p.

10. *Basic Call to Consciousness*, p. 11.

11. Gary Snyder, *Earth House Hold* (Nueva York. New Directions, 1969), pp. 91-92.

12. De un cartel del jefe Joseph (Mohawk Nation, via Rooseveltown, N. Y.. Akwesasne Notes, n. d.).

Capítulo 19. El Camino y su virtud

1. Takashi James Kodera, *Dogen's Formative Years in China: An Historical Study and Annotated Translation of the Hokyo-ki* (Londres. Routledge & Kegan Paul, 1980), pp. 23 en adelante.

2. 1 Corintios, 13:13.

3. Ver Suzuki, *Manual de budismo Zen*; y Conze, *Buddhist Wisdom Books*, pp. 47-48.

4. Aitken, *Emprendiendo el camino del Zen*, p. 141.

5. Benjamin Lynn Olson, trad., *Tao Te Ching*, manuscrito no publicado, sección 17.

Capítulo 20. Activismo religioso y el Tao

1. Ver Norman Cohn, *The Pursuit of the Millenium*, edición revisada y ampliada (Nueva York. Oxford University Press, 1977).

2. Alexander Jones, ed. gen., *The Jerusalem Bible* (Garden City, N. Y. Doubleday, 1966).

3. Otra interpretación: «Yo, el hombre Jesús, también soy el hijo de Dios y el verdadero mesías, me encuentro ahora entre vosotros y este es el principio del fin de los días».

4. Joseph Campbell, *Occidental Mythology* (Nueva York. Penguin, 1976), pp. 368-369.

5. James M. Robinson, ed. gen., *The Nog Hammadi Library* (San Francisco. Harper & Row, 1977), p. 130. También comparar: *What*

to look forward to has already come, but you do not recognize it, p. 123.

6. Aitken, *Emprendiendo el camino del Zen*, p. 144.

7. Ibid., p. 143.

8. Blake, «Auguries of Innocence», *Poetry and Prose of William Blake*, p. 118.

9. Kodera, *Dogen's Formative Years in China*, pp. 23 en adelante.

10. Mateo, 5:48.

11. Philip Kapleau, *Los tres pilares del Zen* (México. Árbol Editorial, 1988).

12. Romanos, 8:22-23.

13. Blakney, *Meister Eckhart: A Modern* Translation, pp. 79-80. Ver *Breakthrough: Meister Eckhart's Spirituality*, en *New Translation*, ed. Mathew Fox (Garden City, N. Y.. Doubleday, 1980), p. 516.

14. Ver Yamada, *Gateless Gate*, p. 14.

15. Blake, «Milton», *Poetry and Prose of William Blake*, p. 376.

Capítulo 21. Gandhi, Dogen y ecología profunda

Gracias a George Sessions, cuyo artículo: *Spinoza, Perennial Philosophy, and Deep Ecology* fue una inspiración directa para este ensayo. (Mimeo, Sierra Colloge, Rocklin, Calif., 1979). Me han dicho que Arne Naess, el eco-filósofo noruego que acuñó el término «ecología profunda», utiliza ahora la expresión: «Nueva Filosofía de la Naturaleza», como un término menos divisorio e injusto.

1. Jag Parvesh Chander, *Teachings of Mahatma Gandhi* (Lahore. The India Book Works, 1945), p. 375. (Tahtinen, *Non-violence as an Ethical Principle*, p. 83).

2. Thomas Merton, *Gandhi on Non-violence* (Nueva York. New Directions, 1965), p. 5.

3. Ver Maezumi, *The Way of Everyday Life*, n. p.

4. Blake, «Auguries of Innocence», *Poetry and Prose of William Blake*, p. 118.

5. Génesis 9:2.

6. William Wordsworth, «Expostulation and Reply», *Lyrical Ballads*, ed. W. J. B. Owens (Nueva York, etc.. Oxford University Press, 1967), p. 104.

7. Sessions, «Spinoza, Perennial Philosophy, and Deep Ecology», p. 15. El espacio es muy limitado para un análisis detenido de la ecología profunda, el cual, por supuesto, debe incluir provisiones para la agricultura y otras formas de administración ambiental. Lo que los ecofilósofos desean cambiar es el estado mental que busca la explotación del futuro y la exterminación de las especies.

8. Erik H. Erikson, *Gandhi's Truth: On the Origins of Militant Nonviolence* (Nueva York. Norton, 1969), en especial p. 251.

9. Mateo 25:40.

GLOSARIO

- *Abhidharma*–(Sánscrito). Comentario del Tratado; una de las partes principales de la literatura budista.
- *Anuttara samyak sambodhi*–(Sánscrito). Iluminación perfecta, que lo penetra todo.
- Arbol *bodhi*–Árbol *bo* o *pipal* (*Ficus religiosa*); ver *bodimanda* y *dojo*.
- *Avalokitesvara*–(Sánscrito). «El que percibe el yo en reposo», o «El que escucha los sonidos del mundo»; la encarnación de la misericordia y la compasión: ver *Kanjizai* y *Kanzeon*.
- *Vodimanda*–(Sánscrito). Punto o lugar de iluminación del Buda bajo el árbol Bodhi; ver *dojo*.
- *Bodhisattva*–(Sánscrito). Uno que está en el camino de la iluminación; uno que está iluminado; uno que ilumina a los demás; el ideal del budismo del Norte.
- *Buda*–(Sánscrito). El iluminado; Sakyamuni; una de varias figuras del panteón budista; un ser.
- *Burakumin*–(Japonés). La clase paria, antes confinada a vecindades o poblados específicos, y a ciertas ocupaciones.
- *Camino Intermedio*. La resolución Mahayana de la forma y el vacío, o del karma y la naturaleza esencial.
- *Ch'an-shih*–(Chino). *Zenji*; maestro Zen (un título honorífico).
- *Dana*–(Sánscrito). Caridad.
- *Danaparamita*–(Sánscrito). La Perfección de la Caridad.
- *Dhammapada*–(*Pali*). Sendero de Virtud; una colección Theravada de versos didácticos.

- *Dharma*–(Sánscrito). Ley: religiosa, secular, natural; la Ley del Karma, afinidad, fenómenos, Tao o Camino, una enseñanza; el vacío.
- *Dharmakaya*–(Sánscrito). Cuerpo de la Ley (del Buda); el aspecto puro, claro y vacío del universo.
- *dhyana*–(Sánscrito). Abstracción; la forma de la meditación; ver *samadhi*.
- *Dhyanaparamita*–(Sánscrito). La perfección de la meditación.
- *Dojo*–(Japonés). El centro de entrenamiento Zen; el lugar personal para la iluminación; ver *bodimanda*.
- *Dokusan*–(Japonés). *Sanzen*; ir o trabajar solo; entrevista personal con el Roshi.
- *Escuela de la Juventud para el Servicio Social* (*School of Youth for Social Service*)–Movimiento de jóvenes, fundado por Thich Nhat Hanh en Vietnam durante la guerra civil.
- *Gassho*–(Japonés). *Añjali*; manos palma contra palma en un espíritu de respeto o devoción.
- *Gatha*–(Sánscrito). Verso en alabanza del Buda o como una reafirmación sucinta de la verdad budista.
- *Go*–(Japonés). Un juego de mesa que se realiza con piedras blancas y negras.
- *Grupo Coordinador para la Religión en la Sociedad* (*Coordinating Group for Religion in Society*)–Un movimiento internacional para el desarrollo personal entre personas oprimidas, centrado en Tailandia y fundado por Sulak Sivaraksa.
- *Harijan*–(Sánscrito). Hijos de Dios; término de Gandhi para el *Panchama*, la clase «intocable» de la India.
- *Hinayana*–(Sánscrito). Vehículo Menor, un término budista del norte para el budismo del sur que se practica en Sri Lanka, Birmania y el sureste de Asia.
- *Ittoen*–(Japonés). Jardín de Una Luz; movimiento de servicio y labores comunitarias fundado por Nishida Tenko.
- *Kanjizai*–(Japonés). *Avalokitesvara*; el que percibe el yo [esen-

cial] en reposo; el que percibe el vacío de las percepciones y las formas; ver *Kanzeon.*

- *Kannon*–(Japonés). *Kanzeon.*
- *Kanzeon*–(Japonés). *Avalokitesvara*, el que percibe los sonidos del mundo; encarnación de la misericordia y la compasión; ver *Kanjizai.*
- *Karma*–(Sánscrito). Acción; causa y efecto; afinidad; el mundo de la causa y el efecto o la afinidad.
- *¡Katsu!*–(Japonés). *«¡Ho!»*, el grito que exclaman los maestros Zen y que lo borra todo.
- *Kensho*–(Japonés). Ver la naturaleza, ver el interior de la naturaleza esencial; experiencia gnóstica en la práctica Zen.
- *Kinhin*–(Japonés). Caminata de *sutra*; la caminata formal en grupo entre periodos de *zazen.*
- *Koan*–(Japonés). Relativo/absoluto; una expresión de armonía de la unidad vacía con el mundo de los particulares, un tema de *zazen* que debe aclararse.
- *Línea Harada-Yasutani*–Escuela japonesa de budismo Zen Soto con elements *Rinzais* como, por ejemplo, el trabajo con los *Koan*, fundada por los maestros del siglo veinte Harada Dai'un y Yasutani Haku'un.
- *Madhyamika*–(Sánscrito). El enfoque (punto de vista). Intermedio que expone las principales doctrinas de la literatura Prajnaparamita.
- *Mahayana*–(Sánscrito). Gran Vehículo; el Budismo del norte de China, Corea y Japón (el Vajrayana, o budismo tibetano a menudo queda incluido en esta clasificación).
- *Maitreya*–(Sánscrito). Amistoso, benevolente; el Buda del futuro.
- *Mani*–(Sánscrito). Talismán; perla; símbolo del Buda y de la sabiduría budista.
- *Mara*–(Sánscrito). El Destructor; una influencia de ruin ignorancia.

- *Mente*– dependiendo del contexto: el cerebro, el corazón, o el espíritu humano; o la naturaleza del universo y sus fenómenos.
- *Mochi*–(Japonés). Pastel de arroz.
- *Mondo*–(Japonés). Pregunta y respuesta; diálogo Zen, a menudo entre maestro y alumno.
- *Montaña Grdhrakuta*–Pico del Buitre en Patna, India, donde predicó el Buda.
- *Mu*–(Japonés) *wu*; no; no tiene; Caso Uno del *Wumen Guan* (*Mumonkan*), a menudo el primer *koan* del estudiante Zen.
- *Men*–(Japonés). Pensamiento; un marco de pensamiento.
- *Nirvana*–(Sánscrito). Extinción del anhelo; la sabiduría presentada en el mundo de los particulares.
- *Óctuple Sendero*–Alineamiento básico de la práctica budista; puntos de vista, pensamientos, palabras, actos, forma de vida, esfuerzo, atención y meditación correctos.
- *Paramita*–(Sánscrito). Perfección, budeidad.
- *Parinirvana*–(Sánscrito). Nirvana último; muerte.
- *Prajnaparamita*–(Sánscrito). Perfección de la Sabiduría; Budeidad; la enseñanza formativa de Mahayana.
- *Red de Indra*–En el pensamiento Hua-yen, la red multidimensional de fenómenos en los que cada punto o nudo es una joya que refleja a la perfección todos los otros puntos.
- *Rinzai*–(Japonés). La secta budista Zen Rinzai; que se remonta a Lin-chi, en el siglo IX.
- *Roshi*–(Japonés). Venerable maestro.
- *Sake*–(Japonés). Licor de arroz.
- *Samadhi*–(Sánscrito). Concentración; la calidad de la meditación; ver *dhyana.*
- *Sambhogakaya*–(Sánscrito). Cuerpo del Placer; el cuerpo «pleno y completo» del Buda.
- *Samsara*–(Sánscrito). Flujo; transmigración; el mundo transitorio de los fenómenos.

- *Samu*–(Japonés). Servicio de trabajo (en el sentido del servicio de *sutra*); meditación en el trabajo (tradicionalmente, dentro y alrededor del templo).
- *Sangha* (*samgha*)–(Sánscrito). Agregado; sacerdocio budista; hermandad budista; hermandad; armonía del Buda y el *Dharma*.
- *Sarvodaya Shramadana*–(Sánscrito). Despertar de Todos; un movimiento de autoayuda en un poblado de Sri Lanka, fundado por A. T. Ariyaratna.
- *Satyagraha*–(Sánscrito). Sostener la Verdad; el poder de la acción no violenta.
- *Sesshin*–(Japonés). Tocar, recibir, o conducir la mente; el retiro Zen, que suele durar siete días.
- *Skandhas*–(Sánscrito). Percepciones y lo que perciben; formas, sensación, pensamiento, poder conceptual y conciencia.
- *Soto*–(Japonés). La secta budista Zen Soto; que se remonta a Tung-shan Liang-chieh, en el siglo IX.
- *Sutra del Diamante*–*Vajracchedika Sutra*; uno de los textos centrales de la literatura *Prajnaparamita*.
- *Sutra Hua-yen*–El último gran compendio de literatura *Mahayana*, completado en China durante el siglo VIII y derivado del sánscrito *Avatamsaka Sutra*.
- *Sutra de la Tribuna*–Palabras y hechos de *Huineng* (Eno), siglo VIII.
- *Sutra del Corazón*–Una condensación de la literatura *Prajnaparamita*.
- *Takuhatsu*–(Japonés). Mostrar la vasija; mostrar el camino del Buda; la caminata que realizan monjes y monjas a través de los poblados cercanos al templo, y durante la cual aceptan dinero o arroz como contribuciones.
- *Tantra*–(Sánscrito). Una forma religiosa generalizada en la India que implica rituales mágicos, dependencia de un gurú y, a veces, prácticas sexuales.
- *Tao*–(Chino). *Bodhi* o iluminación; Camino; el camino de, o ha-

cia la iluminación.

- *Tathagata*–(Sánscrito). Así Venido (o Ido); uno que así (o sólo) viene; Buda.
- *Te*–(Chino). *Toku*.
- *Teisho*–(Japonés). Presentación de la llamada; la charla del *Dharma* realizada por el Roshi.
- *Theravada*–(Pali). Camino de los Mayores; el budismo moderno en el Sur y Sureste de Asia.
- *Toku*–(Japonés). Te; poder o virtud; fuerza del carácter que nace de la virtud y el servicio.
- *Upaya*–(Sánscrito). Medios diestros; compasión.
- *Varanasi*–(Sánscrito). La moderna Benarés, donde el Buda predicó por primera vez.
- *Vida correcta*–Un paso en el Óctuple Sendero.
- *Yo*–Dependiendo del contexto: Buda; el individuo humano; los fenómenos que experimenta el individuo.
- *Zafu*–(Japonés). El cojín utilizado para hacer *zazen*.
- *Zazen*–(Japonés). Meditación en posición sentada; *dyana*; meditación Zen.
- *Zen*–(Japonés). *Ch'an*; la secta budista Zen; la armonía de la unidad vacía y el mundo de los particulares.
- *Zenji*–(Japonés). *Ch'an-shih*; maestro Zen (un título honorífico).

Libros de Robert Aitken publicados en español

- *Un maestro Zen llamada Cuervo*, Editorial Siruela
- *El dragón que nunca duerme*, Viento del Sur Ediciones, Argentina
- *Emprendiendo el camino del Zen*, Editorial Kolima.

Contacto en España

Carmen Monske, maestra Zen
www.baika-an.org

KOLIMA
BOOKS

www.ingramcontent.com/pod-product-compliance
Ingram Content Group UK Ltd.
Pitfield, Milton Keynes, MK11 3LW, UK
UKHW021704190726
13853UKWH00001B/418